开启A股的钥匙

——十五年股票投资实战秘籍

李其林◎著

武汉出版社

(鄂)新登字 08 号
图书在版编目(CIP)数据

开启 A 股的钥匙：15 年股票投资实战秘籍 / 李其林著.
— 武汉：武汉出版社, 2016.5
ISBN 978-7-5582-0316-9

Ⅰ. ①开… Ⅱ. ①李… Ⅲ. ①股票投资-经验-中国
Ⅳ. ①F832.51

中国版本图书馆 CIP 数据核字(2016)第 103367 号

著　　者：李其林
责任编辑：徐建文
编　　辑：杜　哲　黄　娜　刘　娜　晏　子
策　　划：银川当代文学艺术中心图书编著中心
（当代出书网 http://www.csw66.com）
装帧设计：清　风
出　　版：武汉出版社
社　　址：武汉市江汉区新华下路 103 号　　邮　编：430015
电　　话：(027)85606403　85600625
http://www.whcbs.com　E-mail：wuhanpress@126.com
印　　刷：宁夏润丰源印业有限公司　经　销：新华书店
开　　本：880mm×1230mm　1/32
印　　张：6.25　　　字　数：180 千字
版　　次：2016 年 6 月第 1 版　2016 年 6 月第 1 次印刷
定　　价：32.00 元

前　言

青泽著《十年一梦,一个操盘手的自白》一书引起了我的思考,是否需要将我坎坷的十几年股票投资经历和心得通过回忆的方式记录下来？一个晚上的失眠和梳理让我有了这个创作的冲动和源泉。

回顾自己十几年的股市投资生涯，好像就是人生经历的一个缩影,个中滋味只有自己才能说清楚、道明白。股市中人性的复杂和多变让我无法理清思路、难以下笔,当我看到一篇关于"股市段位"之说,豁然开朗,因为它非常贴切地阐述了一个人在股票投资领域的成长过程。对照这"九段",我真不知道自己属于哪一段,有时感觉上升到了后面,有时感觉又停留在前面。

"股市段位"之说

股市一段：当听到许多人在股市里面赚钱的故事，就跃跃欲试,想一试身手。虽然你时常听到"股市有风险,入市需谨慎"的警示,但你相信自己有赚钱的运气,你忘记了自己其实什么都不懂,从基础理论到风险控制、资金管理,几乎没有任何概念,你只抱着赚钱的梦想进入到这个陌生的市场。或者办完了股东卡就像到银行办完储蓄一样,把条码卡往同事或朋友手里一塞,买卖全由他人代理,自己很少问及,也很少到股市去。尽管资金卡上阴线越拉越长,由于自己不懂,所以也意识不到股市的风险和炒股的艰难,虽然亏钱,倒也活得洒脱。

股市二段:成天泡在股市中,虽然脑袋越泡越大,但依然不知道股市是个什么东西,别人的一句话或自己的一闪念就可能促成一笔交易,操作上带有很大的盲目性和随意性,有时候赚了钱,但很快又亏了回去。由于你刚进入市场,对市场里的一切只不过有个大概的了解,对炒股的很多技巧也不太清楚,要买什么、卖什么也没什么主意。在交易之前主要看各种评论,或者听朋友的建议,你总觉得他们说得有道理。你的交易主要是日内的短线,赚点钱你就急着清仓,生怕到手的利润飞了;亏了你就持有,抱着终有解套之日的想法。

股市三段:对股评情有独钟,天天准时打开电视收看股市频道,每天看盘到深夜,然后严格按照各种媒体上的荐股进行买卖。股评说有增量资金介入,就立即跟进,说强势整理就持股不动,说庄家出逃就全线清仓,可是几个回合下来,好端端的一个人,却被修理得面目全非,从此变成了高位截瘫。你也可能会在论坛上找一个"大佬"来跟着他操作(多半会收费),有时赚钱,有时亏钱,也没占到什么便宜。

股市四段:知道一些证券常识,也知道了一些技术指标,诸如MACD,KDJ,BOLL,WR,RSI之类的,但不知道图形背后隐藏的真正含义。对大势夸夸其谈,对股票品头论足,自以为很了不起,其实很多时候都是凭着自己的主观想象信口开河,赢利时把自己吹得神乎其神,亏损时把股市骂得一塌糊涂。你经常与套牢为伍,与亏损相伴。你开始知道什么是主力,盘后就急着看持仓结构。你也关心公司基本面情况,总是第一时间上网查询。你的交易比较频繁,时赚时亏,但总的来说,账户是亏损的。

股市五段:在接踵而来的失败面前恍然醒悟,开始重新审视股市和自己。发现股市不是为自己设计的,于是不再和市场去拼命,也不再奢谈战胜庄家，意识到只有不断地提高技能才能立于不败之地，开始学习相关知识和操作技巧。你觉得要在这个市场赚钱真的很难，急着想翻本，但又不知道该怎么办。虽然看了一些关于股票交易的书，可你觉得书上说的是一回事，而拿到这个市场中实际操作却又不是那么回事。你觉得还是指标不够精确，于是试着调整参数，可它们仍然是有时准有时不准。你上论坛，希望得到高手的指导，可他们说的也是有时准有时不准。大多数时间，你处于盈亏平衡的拉锯状态，不会亏大钱。

股市六段：实战中认识到自己的理论和技术的不足，于是离群索居、刻苦攻读和钻研，对股市、股价的运行规律开始有所感悟，在经验、技术和失败积累的基础上，逐渐形成了自己的投资理念和操作方法。但由于实战系统不够完善，因而胜算率只占七成左右。你有过大亏的经历，你已经知道，要在这个市场上生存，不能简单听信那些评论，于是你开始系统地学习，把能找到的相关书籍都看了，希望能从中找到一个战胜市场的法宝。

股市七段：为了弥补实战中的缺陷，又开始进行残酷的专业训练，对大势和个股都开始有自己的主见，技术上日臻成熟，能够根据市场变化及时地实施分散、集中和撤离资金，能胜任大资金运作，特别是当大盘遭遇突发利空时，你会毫不犹豫地执行市场纪律。你学习了波浪理论、江恩法则、混沌理论之类的知识，也知道了要顺势而为、亏损了要止损的道理。整体上你的账户开始稳健地盈利，你也在小心翼翼的守护着自己赚取的每一分利润。但你依然搞不清这个“势”是怎么确定的，你觉得要准确地知道市场何时反转真的太难。但你不会在中石油上市的第一天，头脑发热买入该股。

股市八段：采百家花酿一家蜜。在融合各种理论的基础上建立了自己的理论体系，在实战积累的基础上形成了一套独特的、完整的、适合自己风格的交易方法、操作体系，并且能够把它运用得得心应手，你进入庄家金库如入无人之境，操作上已达到“心随股走、及时跟变”的操盘境界，你开始在股市赢家的花名册上庄重地签下自己的名字。

股市九段：这是股市的最高境界，属于大师级水平。你除了精通股市的十八般武艺，在哲学、艺术等方面也都有较高的造诣，能把股市与人生有机融合在一起，在纵情山水、享受生活的同时，股市投资又给自己增添许多乐趣。你开始明白，要在这个市场上赚钱，就必须有一套交易系统。你根据自己多年的血泪教训，结合自己的投资偏好，用几个指标组合成你的交易系统，根据它们提供的信号开平仓，面对市场浮浮沉沉、涨涨跌跌皆能从容应对，已达到手中有股、心中无股的境界。待此时，稳健获利已是你的家常便饭，捕捉牛股亦是信手拈来。

我的“财富”增长

1996–2010 年的十五年时间，上证指数从 1161 点涨到了 2808 点，涨幅 142%，基本上以 3000 点为中枢进行上下 2000 点的波动。我的十五年证券账户资金显示 1996 年至 2005 年变化不大，2006 年至 2010 年出现了快速增长，似乎同前面“股市段位”中描述的现象有些相似性。同时，说明前十年我基本属于交学费的阶段，后五年才开始对股市真正有点感觉。十五年的股市生涯，大部分时间我都属于正收益，我知道这点收益在股市上肯定算不上“高手”，但至少我不是“低手”，因为我还活在这个满地陷阱、险象环生的市场中。

据中登公司数据分析，每 5~10 年就要消灭一代股民，循环往复以至无穷。每一次牛市，都会有一拨新股民进来，有的甚至在高位追进来，随着熊市来临，这些新股民多数是赚不到钱的，或者赚了又亏回去，尤其是在牛市高位进来的人基本是当了“炮灰”，最后的结果就是被套成“僵尸户”，这个周期大约是5~10年，所以说股市是“长江后浪推前浪，一代新人换旧人”。至于今后我是否能继续在股市中生存下来，我不敢肯定，但我相信股票会在我的一生中扮演重要的角色。或许修炼到了一定境界，“钱”对于我来说只是一个数字符号，在不影响基本生活的前提下，股市只是人类赌性的一个发泄场所及制造生活“另类快乐”的工具。

我的生活态度

说起我对生活的理解，我有自己的看法，“权”和“钱”虽然是男人的毕生追求，但绝对不是唯一，并且一个人对它们的占有不仅与个人的努力有关系，更多的可能取决于外部因素，“谋士在人，成事在天”嘛。一个人只要“衣、食、住、行”能有保障就算得上滋润了，这是大部分人所必须接受的现实，因为社会的精英阶层毕竟是极少数，我相信我只是人类大多数中的一个小小角色，因此在有些时候发生账户亏损时，我能心平气和、泰然自若，“命里有时终须有，命里无时莫强求”。

目前，绝大部分的中国人在衣食方面都没什么问题了，住和行虽有差异，也只是质量档次的高低有别。就拿我来说，我的“住”只是刚好满足自住要求，对于中国十年不衰、热火朝天的房地产市场，不管是投资还是投机，我都没有兴趣参与，因为我认为中国房地产市场的火爆是由于住房政策发生重大变化后，人们压抑许久的投资、投机欲望井喷而产生的特有现象。随着时间的延长，人们的这种思想将会慢慢变得冷静，房子终将会回归到它的本性上来，“房子不是拿来炒的，而是拿来住的”。房子作为一种特殊商品，仍然具有商品的固有属性，价格肯定会回到它的价值附近。

关于“行”的问题，我也有自己的认识，虽然目前在中国有车的人急剧上升，轿车已经进入寻常百姓家庭，但我对“车”的拥有并没有被大众的热情所带动，到目前为止，我仍然穷居在“无车一族”的队伍中。或许不久的将来，车终将进入到我的日常生活中，因为随着年龄的增长，快乐生活的向往会越来越重，奋斗、拼搏等属于青年人拥有的词汇会由于命运的多次无情打击而从我身上慢慢消失。当我思想上树立起了工作的完成仅是为了“混口饭吃”的时候，我肯定会买辆车去亲近大自然，领略祖国的秀美山川和各地的风土人情。

股票投资虽然是我生命的重要部分，但不是全部，这是自从股票进入我的视野以来从来没有改变过的观念。作为一名业余股票投资者，我从来没有萌动借钱投资的思想，因此也就没有更多的压力，股票只是为了丰富自己的人生而从事的一项业余爱好。正因为这个纲领性的思想支配着我，所以有时在行情极度低迷时，我可以做到几年不进行一次交易，就好像生活中没有股票这档事似的。

为什么在股市低迷的时候我没有选择退出？估计有两方面的原因，一是没有更好的投资渠道，并且总的来说，我在股市中是赚多亏少；二是个人没有更多的爱好，除了看电视外，我真找不出一样自己特别喜欢又执著的消遣方式，因此只能把业余精力放在这个可能会下蛋的鸡上(股票)。现在回过头来想，我还真的感谢上苍让我与股市有缘，否则我真不知道如何更好地打发掉那些无聊的时光。

股票与直接经济利益挂钩，所以不存在只是三分钟的热情，“赚钱”是人愿意投入时间和精力的最大动力。有时候，我同朋友调侃说，为什么人随着年龄的增长会越来越不愿意起早锻炼(除非自己的身体受到了生命的威胁不得不加强锻炼)，那就只有一种办法，就是每天早上能定点定时地拾到金子。股票能伴随我长达十几年，并且还可能继续伴随下去，重要的一点是我对能“赚钱”有强烈的预期，这也是我这个草根一族致富的一条现实途径，但愿我对它的偏爱能在多年后产生惊喜。

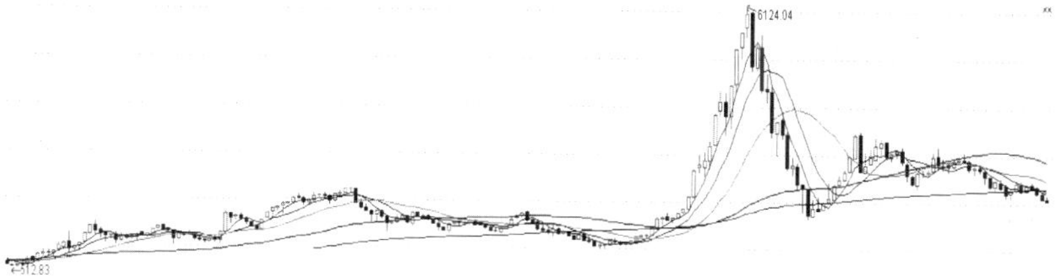

上证指数 1996–2012 年的月 K 线图

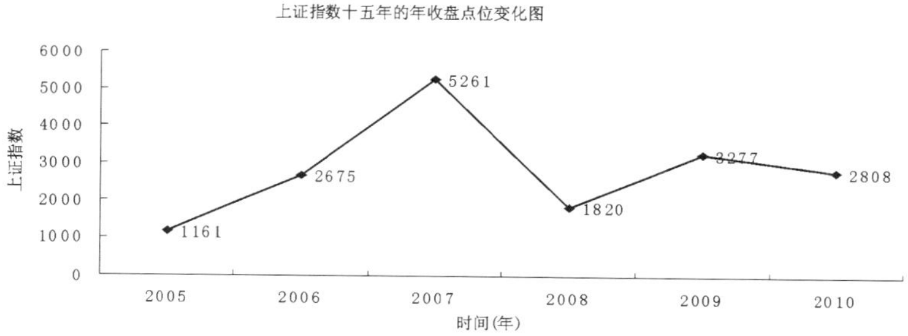

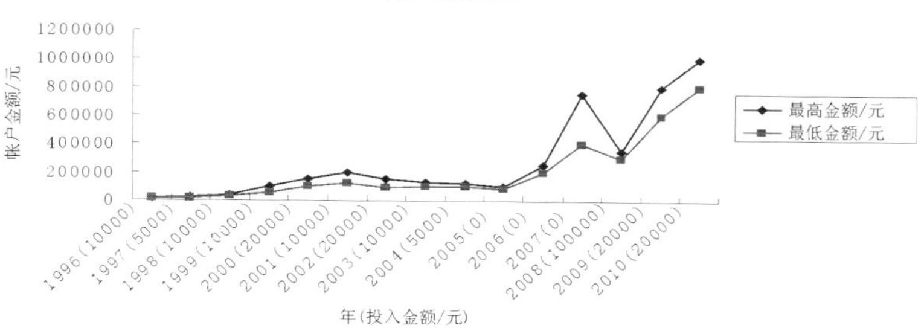

目 录

第一部分 十年股市幼儿期

第二部分 五年股市小学生

第三部分　N年股市成熟期

第一部分　十年股市幼儿期

何为玩世不恭者？此乃知晓每一物品之价格而不通晓其价值者也。

——奥斯卡·王尔德

幼儿阶段代表什么？代表着一种新鲜，一种好奇，一种“无所谓”。由于这个阶段正处于人思想的启蒙阶段，从某种意义上说处于一种“混沌状态”，不知道风险为何物，只想让自己的天性尽情地潇洒。我刚上小学的女儿对幼儿园的总结是“吃饭、睡觉、玩”，这是多么贴切的一种表述呀！

回忆我与股市相伴的十几年时间，可以说前十年都属于幼儿期，体现在：个人的思想不成熟，看待事物的片面性，对股票涨跌理解的单纯化，以至于多年来基本上都在“瞎折腾”。一会儿短线，一会儿长线；一会儿亏损股，一会儿绩优股；一会儿轻仓，一会儿重仓；完全像一只无头的苍蝇在股市上窜来窜去。虽然长期这样“虚无缥缈，居无定所”，倒也没发生过大的亏损，但耗费的时间成本让我无法释怀。还好，我没有把股市作为我的专职，没有荒废我的学业，否则我真就愧对父母的养育之恩和国家的培养之情了。

大学期间的不经意让我认识了股票，从此走进了股市，与股票结下了不解之缘。对于这个“缘分”，我不知道它在我将来的人生道路中是代表正面还是反面，或许结果并不重要，过程更美妙。突然想起我曾经送给我学生的一句话：“人生如行船，逆水难，顺水易，青年时的难是为了老年时的易；人生如过桥，桥上险，桥下平，一段险一段平才是人生的圆满。”十年股市幼儿期，启发了我的思想，培养了我的观念，磨练了我的意志，让我在这个纷繁复杂、物欲横流的变革社会中能艰难地勇往直前。

十几年的股市业余生活，我从中体会到了另类的“酸、甜、苦、辣”，让我对人性的思考有了更直接的素材和更直观的感受，也让我对事物的理解和看法站上了一个更高的境界。股票交易不仅仅与外部环境的诸多因素有关，更是一种人与人之间心智、心率的搏斗。“有心栽花花不成，无心插柳柳成阴。”股市既是创造奇迹的天堂，也是葬送财富的坟墓。如果一个人想在股市中证明自己的价值，我认为他的出发点就有问题，在股市中财富的“得而复失、失而复得”是太平常不过的事情，至少我十年股市幼儿期就是一个真实的“现实版”写照。

第1章 初入社会时的瞎折腾

我出生在一个半工半农的家庭，虽然生活清贫，但衣食无忧，中国特定历史时期的一种特别现象，即“半工半农，全家不穷”。1991年考上大学后，没想到大学生活是如此的悠闲自在，由于从小就没有什么宏图大志，“混口饭吃”的想法在大脑中由来已久，这种根深蒂固的思想意识让我在大学里面除了基本达到本专业课程的学习要求外有更多的剩余时间需要打发，于是在大三的时候压榨父母省吃俭用的钱，辅修了一个《现代经济管理》专业，800块人民币的学费虽然也学习了十几门课程，但究竟学到了多少有用的知识我还真不好说，或许多混一个头衔是最初的真实意图。另外，我喜欢上图书馆，政治、经济、人文等内容都成了我猎奇的对象，总之对自己的专业兴趣不是特别浓厚，只求每门考试及格就行。

1994年我开始对股票投资产生了极大的兴趣，花费了大量时间，还饶有兴趣地对一些基本术语和图表做了笔记，现在想来，真佩服自己在这方面的执著精神，因为我上课时从来没有做笔记的习惯。转眼间，我就到了毕业的关口，由于没有过硬的关系和背景，因此对工作单位就没有过高的奢求，只要有口饭吃就行，后来却阴差阳错，没用父母劳神、没花一分钱，留在了重庆的一家市级事业单位工作。人生的三件大事“考大学、找工作、结婚生子”中，第一件事虽然我从小的学习有些磕磕绊绊，但高三复读一年后还是幸运地考了个重点大学；第二件事的“偶运”不错，留在了重庆这个大城市；第三件事也不赖，找了一个漂亮的重庆媳妇，生了一个乖巧女儿。以至于多年来，父母和亲戚都说在我很小的时候，他们就知道我是“有福之人”。

1995年7月正式开始了我的工作历程，工作单位同我所学的专业完全对口，但由于在校期间专业课学习得不够扎实，我不得不重新温习那些旧知识，好在学校同单位在同一个城市，请教老师比较方便，否则我真不知道胜任工作的时间会延长多久，又会招来领导和同事们多少白眼。紧张了几个月，我就完成了一个理论知识者向工作实践者的完美转变，工作起来得心应手。由于当时我所在的单位工作量极不饱和，一年的工作量集中在一起最多三个月的时间，因此，长时间坐在办公室看报纸和闲聊让我有了不少想法。但由于我刚刚参加工作，每月420元的工资收入除了吃饭就所剩无几了，因此，许多想法只能停留在脑海中无法付诸实践。正在无计可施的时候，有个大学同学让我帮他卖点服装，这个服装是他的一个同学从广东邮寄到重庆的。当我将这些裤子拿到单位附近的服装市场上交给人代销后，几天也没有卖出几条，于是我就将这些裤子退还给了那位同学。到底我能做点什么呢？最后思来想去，只有投资股票还算一件事情，于是我连蒙带骗地从父母手中拿到了3000元。

1995年10月，我到重庆朝天门的证券登记结算中心办理了股东账户，记得当时上海和深圳手续费分别为50元、40元，再加上工本费20元，我总共花了110元取得了证券交易资格证书，从此我就同股市结下了不解之缘。现在想来当时的110元也不算少数，它差不多是我月工资收入的四分之一呢。几天后，我就到离单位最近的证券交易所办理了委托交易资格，记得那时候，离单位近的证券公司只有两家，一家在上清寺，一家在红旗河沟。到上清寺坐车比较方便，于是我选择了上清寺这家，当时它叫重庆有价证券（现更名为西南证券，我至今还保留了它的交易卡），就这样我拿着父母的血汗钱正式成为了中国股市的一名小股民。

记得我第一次走进证券交易大厅，看到大屏幕上显示出来的股票名字及红红绿绿的数字时，不知道买哪只股票，第一天就这样在大厅里面游荡了半天，没有下单就回家了，现在也记不清楚是过了几天才正式下单进行交易的，只记得买卖过青岛啤酒（600600）、彩虹股份（600707）。买它们的理由非常简单，现在想起就觉得很可笑，买青岛啤酒的理由是代码独特，买彩虹股份是因为名字好听。由于单位在这段时间没什么事情，于是天天坐公交车到上清寺去看股票行情，来回就得花 1 块钱的公车费，次数多了也算一笔不小的开销，或许是由于对股票的新鲜感，或许是由于赚钱的魔力，或许是打发无聊的时间，我居然对路费这点开销从来没有放在心上，冥冥之中培养了我做大事不计小节的性格。

我卖出股票的原则是赚钱才卖，虽然曾经在学校自学了一些关于股票的基本理论和技术指标，但真实面对这些数字和符号时我又有些不知所措，因此我采取亏钱就持股不动的简单策略。或许是我的运气好，买的标的不错，没过几天就赚了点小钱，那种高兴劲就别提了，因为这是我第一次工作之外的劳动所得，并且得来也没花费我多少体力和精神。到年底时，我又将单位发的年终奖和平时工资节俭下来的 3000 元存入股市，就这样，我在这种低买高卖的过程中不断操作了好几回，几个月下来赚了 1500 多块钱，虽然赚得不多，但挺满足的，因为我的本金只有 6000 元呀，更何况我是一个初出茅庐的新手呢！在这段时间交易中印象最深的一次是，有次买了一只股票持有几天就涨了 0.30 元，我于是在这周的最后一个交易日卖了，结果从下周一开始这只股票连续大幅度上涨，短短几天就在我卖出的价格上翻了一倍（那个时候股市没有涨跌幅限制）。

1996 年 5 月，在离我单位上班的地方（直线距离 300 米）新开了一家证券公司，名曰湖北证券（现更名为长江证券），于是我就从上清寺转到湖北证券进行股票交易。为什么我现在还有有价证券的交易卡？是因为上海证券实行指点交易，而深圳证券没有实行，我当时想说不定哪天方便，我还可以在原来的证券公司存点钱买卖深圳的股票，所以我留在了卡上几块钱，没有销户。我将转出的 7500 元资金存在湖北证券后，当天并没有买股票，只是在证券交易大厅里面瞎转悠，偶尔也去看看别人在买卖什么股票，但大部分时候都被对方的不友好行为所中止，许多老股民像严防小偷似的防着我，生怕我窥探了他们的秘密。

当天行情结束时，我在证券公司的大门口买了一份刚出版的证券报和印刷朴素的上市公司年报分析大全一书带回家。晚上，我全神贯注地将整本书中每个上市公司的基本情况介绍和图表看了个仔细，最后筛选出了几只备选股票，其中排在第一位的就是湘火炬（000338），现更名为潍柴动力，它吸引我的最大亮点是公司是全国最大、唯一的一家生产汽车火花塞产品的上市公司。我联想到发达国家几乎家家有汽车这种现象，我相信随着中国经济的不断发展，汽车也一定会慢慢进入普通家庭，因此，公司的产品一定会有广阔的前景（我当时还有开一家汽车修理店的想法，现在书柜中仍然保留了一些关于汽车修理方面的书籍）。

虽然湘火炬当时的每股收益是亏损，但产品的生命周期决定了它可能会有辉煌的一天，同时，正因为亏损，我才能有更低的价格买入它（钱少只能买价格低的股票，这是我这样的小股民的生态环境决定的）。股市重要的就是预期，风水轮流转嘛！经过一晚上的彻夜难眠，我下定决心就买它了，于是第二天早早地来到证券公司以现价全部买入了湘火炬这只股票，我买的价格大概在 4 元左右。不多的理论知识告诉我，长线投资股票是最好的策略，于是买后我就不管不问了，只是偶尔在报纸的中缝上看看它的收盘价是多少。为什么我能做到不短线交易呢？另一个原因是，因为我刚参加工作，青年人身上那种血气方刚、叱咤风云的理想主义情怀在我脑海中时时浮现，股市一定不是我的职业场所，我想在更多方面去尝试一下。

1995 年 12 月，我借用单位领导鼓励职工下海挣“外快”的政策，先是在朝天门电子交易城帮一个个体老板卖电子元器件及电工工具,接着到成都一家茶叶保健公司从事片区经理工作。本想就这样拿着原单位的俸禄一直逍遥下去,可是好景不长,不知哪位好事者对我这种交少量钱回单位的变相停薪留职行为不满（中国人在特殊历史时期的“红眼病”现象),将我的事情往上级主管部门反映了。单位领导迫于压力不得不急招我回单位上班,前后加起来不到 2 个月的短暂“下海”就这样停止了。我又回到了那个死气沉沉、无所事事的环境中,正好新开的一家证券公司就在单位附近,让我打发这种无聊的时间有了一种寄托。虽然我并没有进行短线操作,但经常同许多专职股民一起坐在股票交易大厅里面目光呆滞地看着大屏幕上跳动的红绿数字觉得新鲜，偶尔也听听他们关于股票消息方面的交谈。

由于单位的工作量依然没有多少变化，因此我的心始终没有回到单位，时时留意报纸上的招聘信息是我生活中的一个重要内容。时间很快来到了 1996 年 9 月,我终于发现了一则比较适合的招聘信息,于是偷偷摸摸地报名参加了应聘,经过公司初试、复试等几次考查,最后我被公司录用了。现在回想起来,估计我被录用的原因有两个,一是我曾经短暂地从事过片区经理的销售工作;二是在当时的环境下,本科生应聘销售岗位非常少。国庆节期间,我被公司派到重庆的一个销售市场(合川)进行见习,主要熟悉医药保健品的销售方式和渠道，一周的见习时间结束后我被公司派往四川乐山地区履行片区经理之职。

在临行之前,我才同单位领导协商停薪留职之事,当时领导同我关系不错,一顿请客吃饭后领导就同意了我的申请,并且政策继续同上次一样,即每天交回单位 5 元,一个月共计 110 元,我在单位的工资福利及正常晋升丝毫不受影响。但有一个条件,那就是如果单位工作需要时,我必须听从领导的召唤,无条件回单位上班。就这样,我又开始了一次短暂的“下海”经历,时间差不多 3 个月。

1996年10月，我离开重庆之前仍然放心不下我的股票，于是就将交易卡和密码交给了在另外一个单位上班的校友。他同我在一个大学学习但不同专业，我们同一年被分配到重庆市农业系统。由于我们都是新参加工作的，并且都是单身，所以有时下班后就在一起闲聊，慢慢就熟悉了。我交给他卡和密码的时候，嘱咐他等我电话通知，他满口答应了。来到新的工作地，我忙于工作，几乎没有多少时间关注股票，只是看看新闻，不时听到股票上涨的消息，也许是听到上涨的次数多了，反而引起了我的不安。

时间大概是12月初，我发现我持有的湘火炬涨到了9元，于是我挂电话给我的那位校友，明确告诉他在9元以上将我的股票全部卖出，他也答应了，记得我挂完电话后的几天，湘火炬的价格一直好几天维持在9.40元附近。就在大盘高歌猛进之时，我听到有媒体不断提示股市风险，我想股市可能要调整了。终于在12月15日晚7点，中央电视台《新闻联播》全文宣读了次日将在《人民日报》发表的特约评论员文章《正确认识当前股票市场》。文章指出，1996年4月1日至12月9日，上证指数暴涨120%，深成指暴涨340%。几个月来新增投资者开户数800多万，总数超过2100万，是不正常和非理性的。按惯例，特约评论员文章在《人民日报》发表是件严重的事情，而且，12月14日，管理层已用电报形式将此文传到各省市、自治区和各部委，提前打招呼，这都是极不寻常的举动。文章口气之严厉、用词之尖锐（如“搬起石头砸自己的脚”“将扰乱市场秩序的‘害群之马’清除出证券市场”），都使人联想到过去的政治风暴。我庆幸自己的胆小和灵感，以至于后来股市的持续下跌也没有影响到我的工作热情。

12月16日，两地市场开始执行股票交易价格涨跌幅10%的新规定，除了某新股上市上涨139%外，当天所有610只股票和基金全部跌停，第二天又是全线跌停。在管理层正面讲述自己是如何爱护股市，强调中国股市还是光明等言词下，第三天，大盘在大幅低开后，在抄底资金进场下，股市才稳住了阵脚。但湘火炬由于业绩不好，持续下跌，当我春节回到重庆时，它的价格已经下跌到 3 元以下了，我无比庆幸自己的及时出局，感激有“先知”的灵感逃过了一劫。

回到重庆的第二天我兴致勃勃地找到那位校友，结果是给我当头一棒、大吃一惊，他居然没有卖，并且若无其事地说当时去了一次证券公司，他说他只会填单（填单需要股东代码），不会刷卡交易，并且听消息说我的这只股票会涨到 13 元，想帮我卖个更好的价钱。我真晕，到现在我也没想通一个本科生难道刷卡交易都不会？即使出现这种情况，把卡和密码直接交给证券公司的前台服务小姐不就解决了吗？或者给我的 BB 机上来个信息呀！那时候，绝大部分人都没有手机这种高科技通讯工具。只要他及时同我联系上，卖出的时间是很充裕的呀，因为我给他挂了电话后，湘火炬的价格几天都在 9 元以上，或许他另有隐情，根本没把我的委托之事放在心上。通过这件事情，我深深地体会到重大事情不能委托给他人代办，特别是有关钱方面的事情。

回到单位工作后，天天看到我的股票在成本线以下无计可施，真不是滋味。后来在大盘一路上涨的过程中，湘火炬也开始反弹，但我的持股信心却受到了重大打击，因为短时间它的跌幅太大了。有一天，几个朋友聚在一起闲聊时说起它，都异口同声地说像这样的一只垃圾股，可能会一文不值。或许说者无意、听者有心，这些话更加剧了我的恐慌，一个人一旦心里落下了沉重的负担，不如趁早离开这个祸源，于是我一横下心，在 3 块多将它全部卖掉了，持股近一年的时间，最后还亏了 10%，极其郁闷。后来，湘火炬成了 A 股历史上的大牛股，我粗略估算了一下，如果我一直持有它到 2001 年的高点时，我的本金会翻 100 倍以上，可想而知 7500 元会变成多少钱，可惜我与它失之交臂了，每当想起这件事情，真恨不得当时去大牢里面蹲上几年。

现在回过头来分析我的这次投资，真有点搞笑，如果能一错再错就能乾坤大转移，我的人生肯定会同现在截然不同。不经意的选股理由却成了一个经典，正如目前流行的一种观点，“大洋彼岸的蝴蝶翅膀扇动一下会引起另一端的海啸”，一个人的不正确思维却能收到意想不到的正面结果，不可思议，这就是股市的魅力所在。湘火炬的火爆是因为它成为了德隆系的三驾马车之一，一只著名的庄股。德隆系操纵“老三股”（新疆屯河、合金投资、湘火炬）始自1997年5月，到2004年4月14日，共买入678亿元，累计卖出621亿元，按移动平均计算共非法获利近99亿元；三只股票最高持仓比例达91%以上，自买自卖量占交易量的最高比例全部在99.8%以上；三只股票复权股价最高涨幅分别为984%、1941%、1736%。在股市相当长的时间里，“股不在优，有‘德’则名；价不在高，有‘隆’则灵”，几乎成了中国股民想要赚钱的不二法门。

1997年卖了湘火炬后，随着工资的增加和单位效益的改善，我开始认真关注起股市来，投入的资金量也不断加大。记得从1997年到2004年，我每年向股市存入两次钱，多则20000~30000元，少则也有3000~5000元。只要有闲钱，我基本上都投入到了股市中，前前后后投入总资金差不多10万元。从这一年开始，我才真正把股市作为我生命中非常重要的内容，股票几乎占据了我全部的业余时间。洞悉国家经济政策、研读上市公司信息、留意身边的经济活动等成了我的嗜好，随着时间的不断积累，政治、经济、人文等方面的知识得到了全面提高，哲学思想更是得到了极大地锻炼。这也从此开启了我艰难曲折的资本积累之路。

一个男人的一生不外乎两件事，一是金榜题名，一是荣华富贵。虽然这两件事的成功与否都需要外部环境的配合，但对于我这种农民的后代，寄希望于后者可能更现实。年少的我也曾经幻想过走实业之路，但终因势单力薄而不能成行，只好在股市这种虚拟经济中来一试身手。虽然明知股市是“七亏、二平、一赚”的定律，但还是希望通过自己的努力加运气，在多年后能分得一杯羹。投资股市最大的好处是没有资金的限制、没有背景的歧视，还有容易变现的特点。同时，股市也是对人性磨练的一个不错平台，只要在股市上待过了几个牛熊转换的人，他一定会对许多事物和现象有别样的理解。股市是知识、耐性、敏锐及运气的综合检验，或许运气占的比重更大。

第2章 万花筒的世界

1997年到2001年，我前前后后买了不少股票，包括厦海发（000526）、辽物质（000511）、中国国贸（600007）、深纺织（000045）、梅雁股份（600868）、成量股份（600673）、蜀都（000584）、成商集团（600829）、飞龙实业（400056）、ST宜纸（600793）、ST长控（600137）、ST东碳（600691）、大西洋（600558）等等。许多股票持有的时间都非常短，因为我的操作习惯是先试探性地买入几只股票，然后开始慢慢向一只股票集中，最后持有这只股票到一定的价格卖出，就这样，周而复始地进行。

由于时间离现在太久，许多股票我已经记不清具体的交易细节了。印象很深是我在星期五（1997年5月9日）卖出辽物质后，我姐夫说我不该卖，他说星期一可能会涨停，要卖也要在星期一或者星期二卖。我当时对他的话半信半疑，我说为什么呢？他说技术分析的结果，事实果然如此，星期一它真的涨停了，我姐夫在星期二早盘高开时卖了。我当时非常佩服他的技术分析，可惜我一点都不懂，最后在他的慢慢说教下，也开始了解一些技术指标。在那个时候，我姐夫在股票上面的买卖点掌握得非常好，不知什么原因，到了2005年以后他的技术指标就有些失灵了。

另外，印象比较深刻的还有ST长控这只股票。ST长控现更名为浪莎股份，它在1998年上市以来公司就处于风雨飘摇之中，估计属于典型的国企解困品种，在证券市场上饱受非议。我关注它的主要原因是股本小，但多年来，公司基本面都没有实质变化，重组传闻是到 2005 年才有，因此，虽然它很早就在我的自选股中，但我从来没有买卖过。2006 年 12 月 20 日终于迎来了重组停牌，2007 年 4 月 13 日重组成功复牌的第一天就上涨 849%，收盘在 68.16 元，盘中最高价 85 元，堪称证券市场上一绝，但随着时间的不断延长，它的走势并没有给许多人带来惊喜（重组的行业想象空间小），到2012 年，它的股价只有 10 元了。如在 2007 年涨幅最大的那一天买进的人没有止损出局，则他们都成了长线股东，何时解套还是个未知数，鉴于它的股本没有扩张，解套的希望还是有的。如果它的股价能跌到 8 元以下，或许我将买入它，经过一个轮回，它又重新回到了我的自选股行列中。

1999 年，我开始买入飞龙实业（后改名为金荔科技），买入它的重要原因是广东金荔科技重组后一定会在资本市场上运作获利，记得第一笔买入的价格是 12 元左右，后来在 9 元和 14 元附近也买过。当它股价跌至 10 元以下时，我极力劝说我弟弟买入它，理由是我看好这只股票，但我已经被套上了。可是当时我弟弟坚持买四川长虹，他的理由是长虹已经没落了好几年了，风水轮流转，它该翻身了，但我对他的这个观点极不认同。当时我在电话上还同他吵了起来，最后还是没办法阻止他买入四川长虹，结果他的资金从此多年深套在四川长虹之中，直到 2007 年的大牛市也没有完全解套，最后只好认赔出局。

到了 2000 年时，我所有的资金就在金荔科技这一只股票上了，当时的资金总量大概有 6 万元。在 2001 年时，虽然大盘开始向下调整了，但我持有的金荔科技复权价达到了 30 多元的高价（它有一次送转），我的账面资金总额达到了 20 万元。这个时候我姐夫提醒我可以卖了它，但我完全被胜利冲晕了头脑，一味地相信它会上 50 元。没过多久，随着大盘的持续下跌，它的股价就开始往下走，30 元、25 元、20 元，当它跌到 20 元时，我真想卖了，这时我妻子说了一句话，“30 元没卖，为什么 20 元卖呢？”后来一想，她的话有些道理，说不定有个反弹呢！没想到我等待的反弹迟迟没有出现，股价开始跌到了我的成本线附近，但我还是没有出手，直到跌破了我的成本价，我也没有理它，最后终于等来了一个反弹，但价格也仅是到了我的成本线。鉴于大盘持续不断地下跌，我实在没有信心了，于是在不亏不赚的情况下全部出清了它，相当于 3 年持股下来，坐了一次标准的直升飞机。还好我及时出局了，否则后果不堪设想，如果我没有抓住这次难得的逃命机会，我将彻底从资本市场上消失，真感谢老天爷在冥冥之中给了我卖出的力量和勇气。当时的卖出完全是我的一种感觉，根本没有任何理由。

我有个习惯，一旦我买入一只股票的理由兑现，不管以后它是涨还是跌，我都不会再买，根据后来金荔科技的走势，我真庆幸养成了这个习惯。因为金荔科技业绩造假、操纵股票的原因被证监会查处，几名主要案犯被绳之以法，它的股价也一落千丈，退市前跌到了 0.77 元。我在退市前的最后一天在此价格买了 1000 股以示纪念。因为这只股票深深地触动了我的神经，我想用它来时时刻刻警醒我。股市中的风险有时候大得让人无法想象。

在 1997 年到 2001 年期间，有两次明显的板块机会，一次是 1997 年的科技股，一次是 1999 年的网络股，统称为“科网股行情”。炒作这个概念的时间跨度长达 5 年，但在这么长的时间中我都没有参与，只是隔岸观火。1997 年的科技股浪潮最著名的亿安科技（000008）从最低价 5.5 元涨到了最高价 126 元；网络股浪潮中最著名的海虹股份（000503），从 1999 年的最低价 9 元涨到 2000 年的最高价 83 元，用时仅 15 个月。

科网股火爆的根源是美国纳斯达克指数的疯狂，当时在中国股市中只要沾上“科技”和“网络”的字眼，就有资金追捧，场面颇为壮观。印象非常深刻的是在 2007 年，有次无意中我在证券交易大厅中看到一位中年股民在那里眉飞色舞、侃侃而谈，因为他在南京高科（600064）这只股票上短时间使自己的资金翻了几倍。随着

2000 年纳斯达克市场泡沫的破灭，中国的科网概念股也全线下跌，最终回归到了它原来应有的位置，也由此引发了中国股市长达 5 年的熊市，又一次消灭了不少善良热情的中小股民，许多人也从此从证券市场上彻底消失了。

在 1999 年启动的“5·19”行情中，我记得我姐夫买了一只经典股票，那就是华北高速（000916），他买入后不久，华北高速就连续涨了 5 个涨停板，我可羡慕他的高超水平了，因为我从来没有遇到过这样的好事。由于他的成功和年长，我和我妹夫都喜欢听他聊股票，经常请教他从技术分析层面给我们买的股票把一下脉。

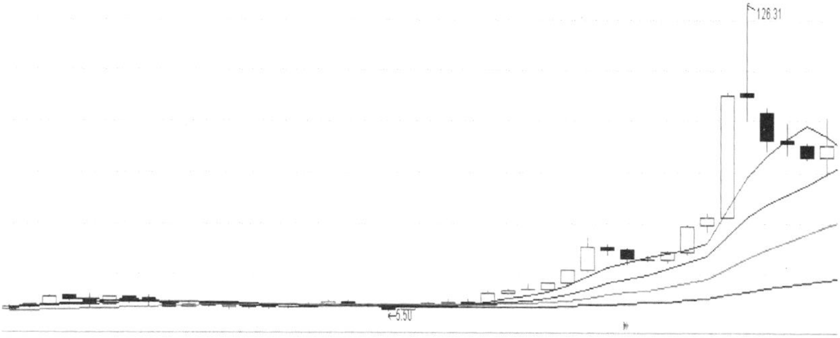

000008 在 1997–2000 年的月 K 线图

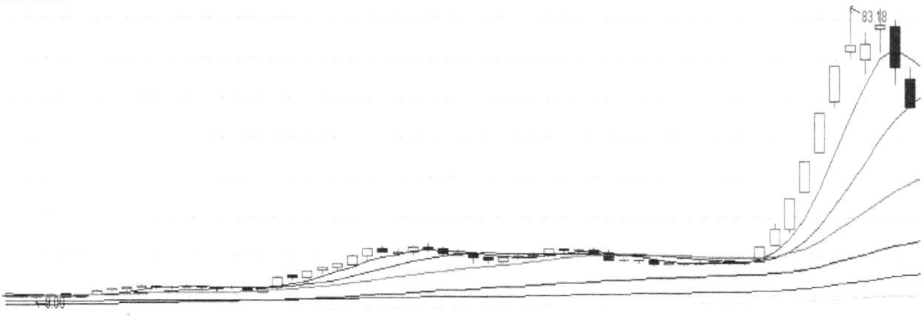

000503 在 1999 年 1 月–2000 年 3 月的周 K 线图

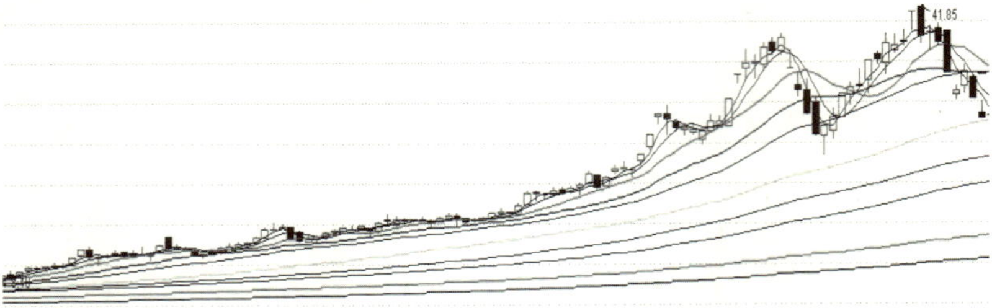

600064 在 1997 年 1 月–6 月的日 K 线图

2000 年 1 月，正值春节快放假的时间，单位几乎没什么事情做了，因此我同单位一个司机经常泡在证券公司看股票、切磋股艺。他也是一位老股民，或许是得到了高人的指点，他很少做短线，买入一只股票一般至少拿在手上一年以上，印象最深刻的是他从 2002 年扬农化工（600486）上市起就一直持有它，每当需要钱的时候，他就卖出一点，不知道他现在是否还有这只股票，如果有，我估计成本也就几毛钱了。我跟他一起交流股票经验时，他说他炒股纯粹是好玩，他只在股市中保持 2 万元的资金，多出来的钱就取出来用了，多年下来，他从股市中取走的钱远远超过了 2 万元。因此，我笑着对他说，我的账户资金在不断地增加，但并不是炒股赚的，而是自己从外面拿进去的，他说我的这种炒股方法不好，赚了钱不拿出来用，人就没什么意思了。并且说我炒股是典型的“花脚猫”，强烈建议我一年最多交易 1~2 次就足够了，其实我只是用少量的资金做短线，找点感觉，大量资金还是做中线的时候比较多。

记得有一次我看到他买了深纺织（000045），我也跟着买了 500 股，第二天赚了几毛钱就出来了，他说我比兔子都跑得快，他给我打赌，我肯定卖亏了。第三天我发现深纺织又涨了，鉴于他还在里面，我又追进去，他笑着说我是证券公司的“长工”，第五天我们都卖了，很显然他的利润比我高多了。接下来，只有几天的交易时间就到春节长假了，他说他听到一个内部消息，延中实业（现名方正科技，代码600601）要涨，问我敢不敢买，我将信将疑，他倒是买了，我却迟迟不敢下手，主要原因是它的价格太贵了。结果这个消息让他过了一个超爽的春节，因为延中实业股价在长假前的最后 2 个交易日和春节后开盘的几个交易日连续大涨，股价从启动时的 20.12 元涨到了 33.76 元。

我的这位同事还有一个比较有价值的选股观点。或许是因为他的文化程度不高（高中生），或许是因为他不想对研究上市公司的基本面投入过多的精力，他有一种既简单又实用的选股方法，那就是多关注每天涨跌幅榜上的股票。后来我仔细分析他的这番话，觉得非常有道理，作为普通的散户，由于知识、信息、能力等多方面条件制约不可能对上市公司有一个全面的了解，而经常出现在涨跌幅榜上的股票至少说明有资金在玩，资金都是逐利的，一只股票平白无故不可能会经常出现这种上蹿下跳的现象，只能是主力想在这只股票上面做文章，因此，散户通过这种借力打力、投机取巧的选股思路不失是一种比较好的投资策略。

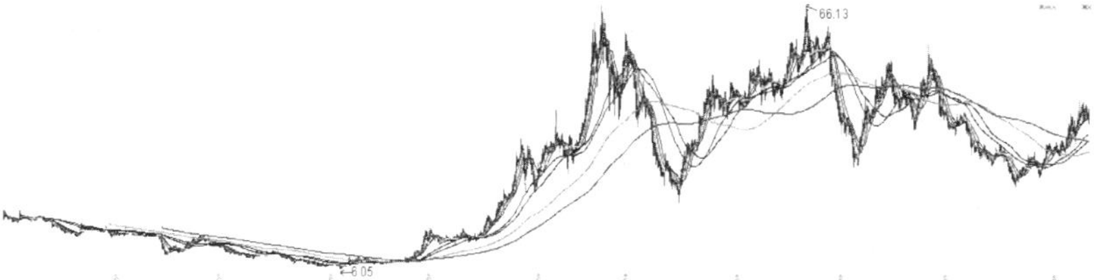

600486 在 2002–2012 年的后复权日 K 线图

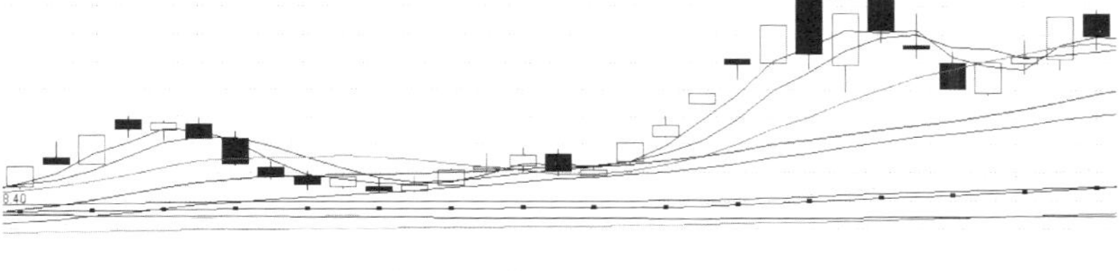

600601 在 2000 年 1 月–2 月的日 K 线图

2000年以前，中国证券市场属于造假风行、“庄股”横行的时代。轰动股市的造假如琼民源事件，红光实业诈骗上市案，蓝田股份梦碎案，银广厦业绩虚假案等等。庄股，如历史上有名的“德隆系”控制的“三驾马车”，“中科系”的中科创业，100元股价的亿安科技等。虽然这些造假最后都被揭穿了，高度控盘的庄股最终在资金链断裂下都发生了崩塌、曲寡人散，作为普通的小股民如果能在揭穿或者崩塌前早早出逃，或许还会有不少收获，但这种人真正在股市中又有多少呢？毫无疑问，炮灰应该是绝大多数。

记得在那个时期，人们都希望自己能追踪到庄股，然后潜伏进去持股不动，等庄家来抬轿，所以经常会见到分析师和老股民说某某股票有庄家介入等等。判断是否有庄家运作某只股票的最大特点是收盘前的股价异动，如当大盘处于震荡或下跌阶段，某只股票经常出现收盘前一笔大单跳高买入维持股价不跌则可能有主力在其中运作，一旦大盘转好，这些庄股一般都会快速大幅上涨。当然庄股也有强庄和弱庄之分，强庄股是指那些控盘程度达90%以上的股票，它们不管大盘是上涨还是下跌，都会我行我素地推高股价到一个很高的位置，然后通过不断地送股除权来达到出货的目的。

2000年以后，虽然在政策的大力查处下，庄股风行的时代结束了，但仍然不排除许多个股有庄家存在，只是这些庄家的操作手段更隐蔽、更高明，一般不容易被监管层察觉而已。其实从另一个角度想，如果证券市场全是一些没有主见、散兵游勇的小散户，那么股价就会像断了线的风筝一样难以沿着正确的方向前进。因此，为什么我们国家会在不同时期提出大力发展机构投资者的呼声就不足为怪了。机构其实就是庄家，只是他们必须符合证券法规的要求，需要在阳光下进行操盘。股票是一种价值发现过程，只要股价能反映公司的基本面，涨得再高也没人管，因为它无可厚非。如经久不衰的贵州茅台(600519)，它得到了众多机构的追捧，如果不是因为业绩出众，能有这么高的股价吗？臆想一下，如果从某一天开始国人不再把茅台作为酒中极品，它又会是一个什么样的结局呢？说实在的，普通老百姓能有几个人经常喝茅台呢？一瓶茅台顶半个月工资，工薪阶层能有这个实力吗？茅台的主要消费者是国家政府机关工作人员的公款消费，试想一旦国家经济困难，政府开支大幅缩减，我想茅台也会有走下神坛的那一天。

如果我现在持有贵州茅台这只股票，在政府明文控制“三公”消费的大背景下，或许我会悉数卖出它以求得平安，但愿这只是我个人单方面的想法，希望贵州茅台这只股票能成为中国股市百年不倒的经典。每当我看到民间股神林园在贵州茅台如此高的复权价下还在一味地鼓吹人们继续买进它时，我真为他捏一把汗，久负盛名的科达胶卷都有倒闭的这一天，难道随着社会经济的不断发展，就没有更好的替代品，或者人们的饮酒习惯就一定不会发生改变吗？当然，拿科达胶卷同贵州茅台作比较极不恰当，因为它们分属于不同的商品类型，我只是想表达一下任何事物都可能不是一成不变的观点，至少当前政府控制“三公”消费对茅台酒来说就是一大隐患。另外，贵州茅台股票属于清一色的机构抱团取暖，难道机构们都把这种纸上富贵当饭吃，我深表怀疑。

1996~2000 年，我也参与过封闭式基金的炒作，但收益都不是很好，以至于后来我就再也没有参与基金的买卖了。记得在我姐夫身上发生了一次基金的倒霉事情，我姐夫喜欢中签，或许是他的运气比较好，或许是他对申购的时间把握得比较好，总之，他在 90 年代中签率非常低的情况下偶尔也能如愿以偿。有一次，他居然去申购基金，结果是百分之一百的中签，可能是他申购的那个基金生不逢时，1 元中签的基金开盘第一天就只有 0.90 元，最后他是在 0.80 元左右认赔出局了。看到如此结果，我姐夫调侃似的说：“我真有病，申购了一只没有悬念的基金，最后还受伤不浅。”我笑着说：“你是中签着魔了，你不受伤谁受伤呢？”

2000 年以前在我记忆中有一只股票非常深刻，那就是山西汾酒(600809),因为1994年它上市以来,到2000年的6年期间,它的股价都很少上10元,我当时想,汾酒在中国也是非常有名的白酒,民间的说法是“南有茅台,北有汾酒”,为什么它的业绩就不行呢? 1998~2003年期间业绩都始终徘徊在几分钱的水平,特别是1999年的业绩只有0.0086元,有些让我意外和不可思议。但从2006年开始,它的股价就发生了翻天覆地的变化,从启动时的10元涨到了2011年最高时的175元(复权价),让我瞠目结舌、叹为观止,真是应验了一句话,“好酒不怕巷子深”呀。

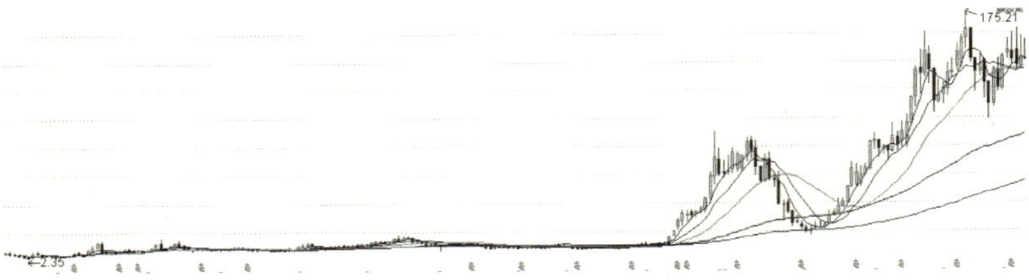

600809在1994-2012年的后复权月K线图

1999~2001年,是中国证券市场上的好时光,在单位经常能听到同事们谈论股票的事情。那个时候,单位不炒股的人非常少,但大多数人都是如同我一样的小股民(钱少),其中有两位老大姐给我的印象非常深刻,一位是重庆百货(600729)的原始股东,一位是资金量比较大的老股民。听那位持有原始股的大姐说,在1992年重庆百货发行时,没有多少人对这个新事物抱以很高的热情,她家的原始股票也是一位内部人士不想要才转让给她们的。没想到持股几年后,迎来了原始股东解禁之日,一下子就抱了个金娃娃回家,让我们都很羡慕。可是后来重庆百货的上涨更是气势如虹,达到了最高价128.85元(复权价),我记得当时我的这位同事是在20元附近卖的。另一位大姐炒股时间比较长,并且听说她长时间就在西南药业(600666)这只股票上倒腾,一旦发现她主动买些糖果放在办公室请我们大家吃时,那一定是她昨天又在这只股票上赚钱了，至于后来的大熊市她有没有损失本金就不得而知了，反正从2001年起，我就很少听到她关于西南药业的说辞及免费的糖果了。不仅仅是她，单位很多人后来都很少再提及股市，估计都成为了中国证券市场中牺牲的一代吧！

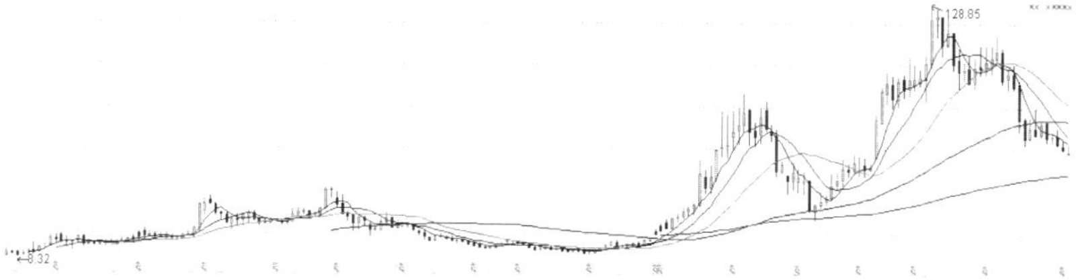

600729在1996–2012年的后复权月K线图

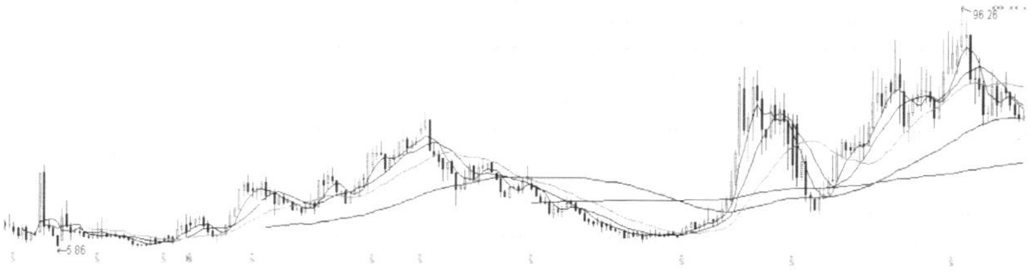

600666在1993–2012年的后复权月K线图

第3章 心志的磨砺

2001~2005年，是中国股市的5年大熊市。大熊市的前半段，我还经常关注股票，偶尔也操作一下，但基本上是操作一次，亏损一次。到了熊市的后半段，由于成交量极小，大部分股票如基金走势、高抛低吸都没有机会，除非你能准确判断熊市的持续时间，做“左则交易”，如果真有这种人，我认为那才算得上“高手”。虽然我已经从事股票交易多年了，但也达不到这种水准，因为大盘和个股都跌得惨不忍睹的情况下，最害怕的是一旦自己亏损卖出后，行情突然来个绝地反击，并且一去不复返，亏损就不再只是纸上浮动了，除非你有勇气追高买回。在中国这种典型的政策市中，我更担心政府说不准哪天就出台重大利好消息，让你卖出后追悔莫及。另外，当股市已经跌去许多的时候，一个人能够亏损卖出，我真不知道需要多大的魄力和胆识。从人性的角度分析，大部分人都不会这么操作，因为来到股市的人的出发点都是奔着赚钱来的，特别是普通散户，时间输得起，只要不发生实际亏损就没什么关系。

比如，现在上证指数已经在2000点附近了（2012年），继续下跌的可能性有10%，而上涨的可能性有90%，再往下跌100点就有可能上涨500点，在这种情况下，只要是一个正常思维的人，我想都不会卖出的，除非短线高手或者对中国经济极度悲观。首先，短线高手我不算，我相信大部分人也算不上，那么就只剩下经济崩溃一个命题了，试想如果中国经济真的崩溃了、政府倒台了，钱也就没什么用了。当然，这是一个极端的猜想，至少目前我对中国政府和民众还是非常有信心，我相信困难是暂时的，人类的智慧终将会推动历史的车轮不断向前。根据我从事股票多年的经验看，现在正是播种的好时节，如果品种选择的好，未来的3~5年时间获取10倍以上的收益也不是天方夜谭。

鉴于对事物生生不息的理念，在这次5年的大熊市中，我坚持了下来。5年熊市，上证指数从最高点的2245点跌到了998点，跌幅55.5%。从2003年开始我就陆陆续续买入冠农股份（600251），买入的高价在11元，低价在8元，到2004年时我就全仓持有它了。2004年4月1日，它突然来了个涨停，第二天继续涨停，到4月9日见到2004年的最高价10.89元，我虽然有些盈利，但我仍然持股没动，或许是因为大盘跌去了不少，或许是因为我太看好它的罗泊湖钾肥概念了。

后来大盘继续下跌，我的冠农股份也不能幸免，它在2005年2月4日创下了历史新低3.70元，上证指数在2005年6月6日见底998点，相当于冠农股份提前了4个月见底。由于大盘持续无量，许多个股换手率非常低，基本上也没有什么短线机会，我自从2004年以来就没有操作过一次，好像已经忘记自己还有股票这回事。虽然从2005年6月，大盘开始调头向上，但我持有的冠农股份仍在4元附近进行横向整理，2006年出年报前，冠农股份出了一份业绩预亏公告，这也是它上市以来的第一次亏损，不知什么原因，我对这次亏损担心起来，怕明年它继续亏损而戴上ST的帽子，于是有了换股的冲动。

因为当时很多股票都在3~4元的价位，同等价格换另一只股票也不吃亏，换什么股更好呢？这个问题困扰了我一段时间，最后玉源控股（000408）进入了我的视野，它们两个股本差不多，价格也差不多，业绩都是亏损，并且玉源控股的重组预期更强烈。当我真正到了证券公司时，又开始犹豫起来，于是就用最原始的扔硬币方法来决定是换还是不换，并且事先强调只扔一次，最后扔硬币的结果是换，就这样，我全部换成了玉源股份。

当然扔硬币来代替决策只是一种调侃行为，它仅仅起到了一个推波助澜的作用，不起决定作用，只是它的结果碰巧同我内心的需要一致吧！没想到，我的运气就有这么差，老天爷真会捉弄我，刚换股没几天，玉源股份就出了一份公告，追溯前年业绩亏损，股票名称变成为 ST 玉源，真是害怕什么就来什么，冠农股份即使 ST 也需要等上一年，我现在也想不明白当时为什么这么害怕，结果早早地成了 ST 持有者。世上没有后悔药，自己酿的苦果只能自己吞了。

2005~2008 年，中国股市最疯狂的牛市阶段，我却与它无缘，最大的错误在于 2006 年年初我将冠农股份换成了玉源股份。虽然大盘像芝麻开花节节高，我持有的玉源股份却漫不经心，在这个千载难逢的大牛市面前最高价也仅有 11.92 元，而我持股达三年之久换掉的冠农股份最高价 96.90 元。如果我不换股，差不多 4 年时间，我的账户资金会翻近 30 倍，记得我在 2006 年换股前全仓持有冠农股份的市值是 12 万元左右，由此账户资金可高达 300 万元以上。当然这是一种理论计算数字，即使我没有换股，也可能不会持股到最高价时，因为人会随着资产的快速膨胀产生严重的恐惧感，除非你的股票被司法冻结了。

600251 在 2003-2008 年的月 K 线图

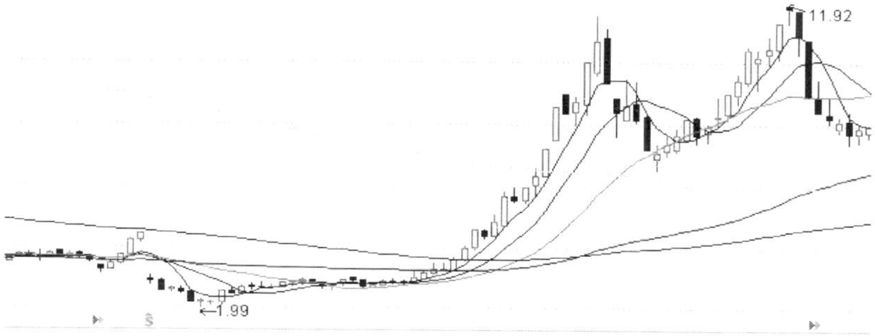

000408 在 1996–1997 年的周 K 线图

2004 年 5 月，经国务院批准，中国证监会批复同意深圳证券交易所在主板市场内设立中小企业板块。中小企业板的建立是构筑多层次资本市场的重要举措，也是创业板的前奏。中小板上市时都属于小盘股，但我很少关注它们，因为这些股票的价格都比较高。

我关注最多的一只中小板股票是云南旅游（002059），原名世博股份。理由主要有两个，一是它的大股东为云南省国资委，业绩不好，猜测大股东可能注资；二是它属于旅游板块，股价在中小板和旅游板块中比较低。虽然大股东注资的题材我在很多年前就有预期，但真正变现的时间却是在 2011 年，由于这个题材的兑现，它在 2011 年创下了上市以来的最高价 15.27 元，现在价格在 9 元附近（2012 年 8 月）。或许它跌到 8 元以下，我可能考虑持有它，否则就只能看看了。

另一只印象非常深刻的股票是新和成（002001），它是我姐夫关注时间比较长的一只中小板股票，可惜我们都没有同它玩一下，它后来成了中小板上的一只长线牛股，最高价高出上市价 20 倍以上。特别是它在 2007 年 5 月至 2008 年 5 月的这一年期间股价从最低的 7.16 元涨到了最高的 60.78 元，它在这一年的稳健走势堪称 A 股市场上的一个典范。记得在 2006 年时，我姐夫就强烈建议我关注新和成，可是他给我说了后不久，公司工厂就发生了爆炸着火事件，从此打消了我继续关注它的念头。现在回过头来想，关注它的理由其实非常简单，一是公司是中小板上市的第一只股票，“第一”耐人寻味；二是当时工厂发生爆炸时，它的股价并没有下跌多少，这是一个强烈的信号。

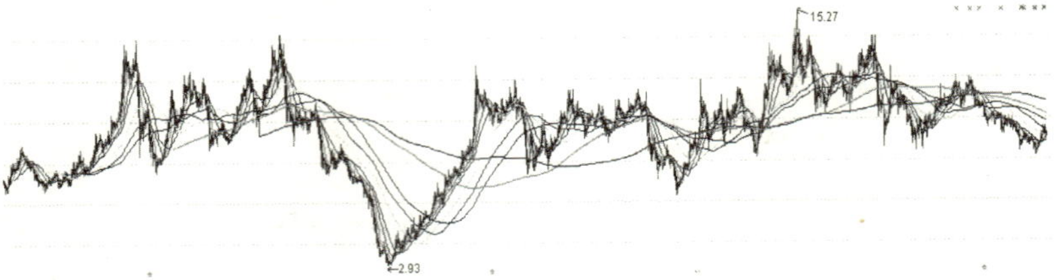

002059 在 2006–2012 年的日 K 线图

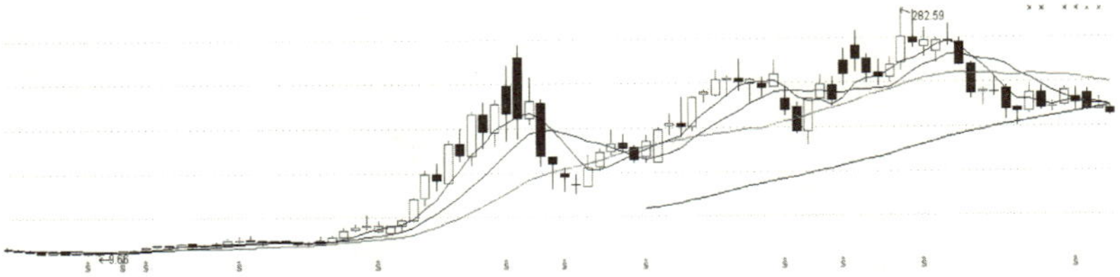

002001 在 2004–2012 年的后复权月 K 线图

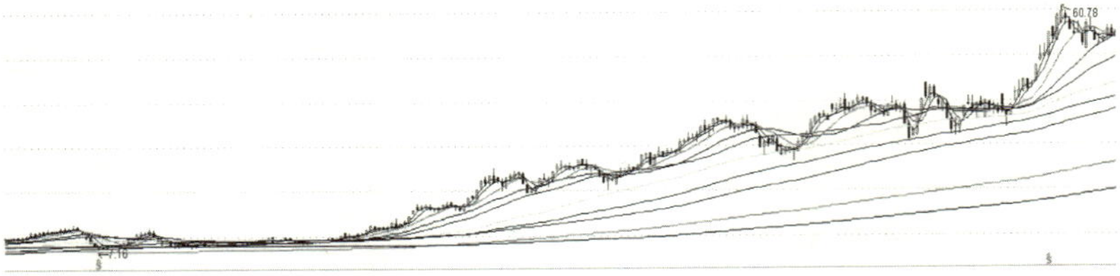

002001 在 2007 年 5 月–2008 年 5 月的日 K 线图

第4章　幸福太突然

2002年5月23日，上海证券交易所、深圳证券交易所、中国证券登记结算有限责任公司联名颁发《新股发行市值配售实施细则》，对证监会日前发布的恢复新股市值配售的决定进行全面细化。5月29日新股市值配售正式实施，即投资者每持有1万元流通股票市值可申购1千股新股。说起打新股，虽然我曾经也参与过几次，但都是陪太子读书，没有收获，以至于后来我基本上对这件事情没有兴趣了。

真正中签的几只新股也都是在市值配售政策实施后享受到的，它们分别是华夏银行(600015)、国电南瑞(600406)、吉恩镍业(600432)、凤竹纺织（600493)、兔宝宝（002043)、西部矿业(601168)。在这些中签的个股中，华夏银行、凤竹纺织、兔宝宝表现较差，国电南瑞和吉恩镍业这两只股票成了大牛股，可惜我上市的第一天就卖了它们。为什么我不能多持股一段时间？现在想来，估计与中签所获得的利润大、幸福来得太突然有关，也可能与当时低迷的股市环境有关。

记得中签吉恩镍业时，由于我账户上的保证金不足，证券公司又极其不负责任，没有通知我补足保证金，当我看到账户上多了一只股票才知道原来我中签了，数量只有300多股，为这件事情我专门到证券公司去理论了一番，最后也只是发泄了一通怨气后不了了之。上市的第一天，我咨询了一下证券公司的工作人员，或许她根本没什么经验(比我还年轻)，她说大环境不好，有100%的利润肯定卖了。由于我对这个公司没什么研究，加之股数不多，于是在开盘后几分钟就悉数全部卖出了。正准备回单位上班，当我跨出营业部的一刹那，我扭头一看大屏幕，它的现价居然比我卖出的价格高出了1元多，真是后悔极了，最后只能悻悻地离开了证券公司。

除了西部矿业，其余中签的股票都是在2003~2005年，此时正值5年大熊市的中后期，落袋为安的思想很正常。但西部矿业是在2007年中的签，我仍然是第一天开盘后几分钟就卖了（大概是32元附近卖的），结果它在我卖出的价格附近整理几天后就一路狂飙（几乎天天涨），一个半月的时间达到了68.50元的最高价。但好景不长，这些在2005~2007年的大牛市中疯狂的大盘股在2008的大跌中都没能幸免、下跌惨烈，西部矿业跌到了最低价5.30元，到了2012年，它的价格也只有8元左右。所以股市中有个经典的说法，“涨得高跌得也多，涨得快跌得也快”。

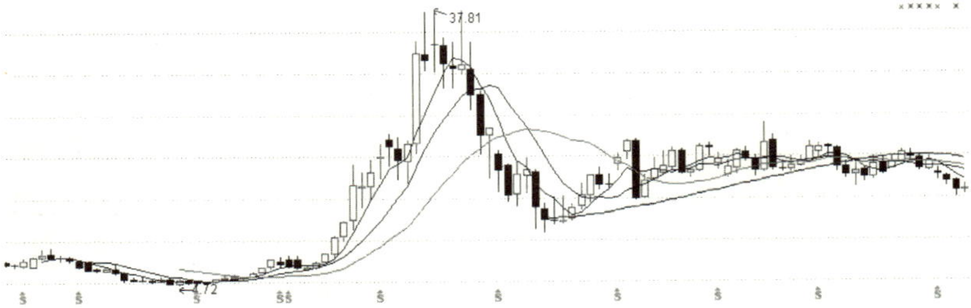

600015 的后复权月 K 线图

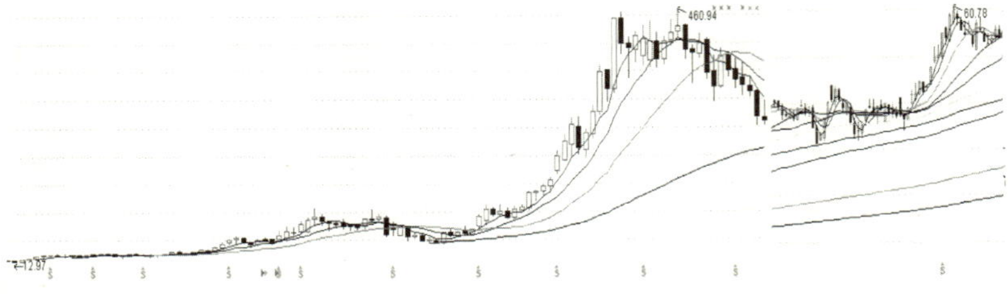

600406 的后复权月 K 线图

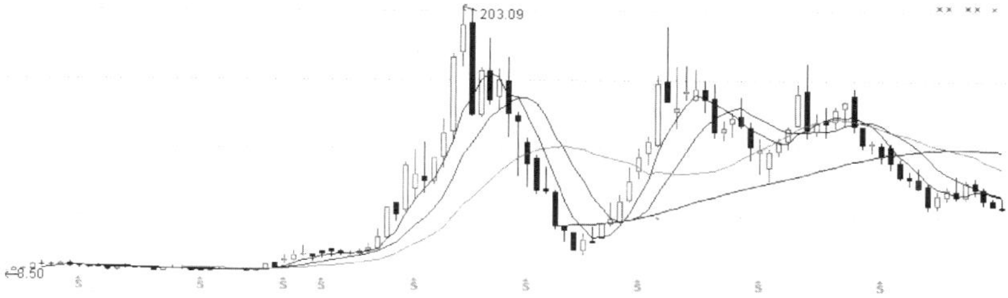

600432 的后复权月 K 线图

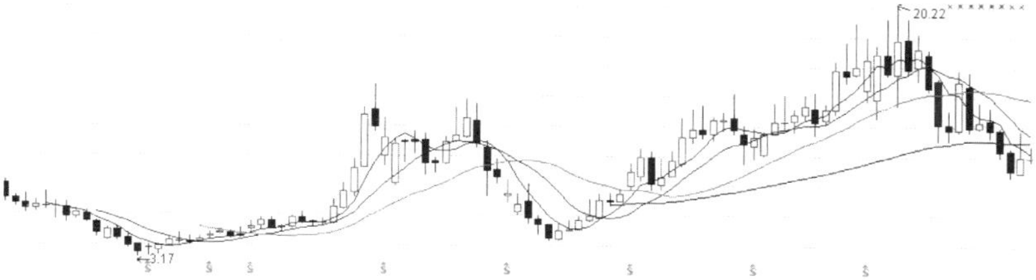

600493 的后复权月 K 线图

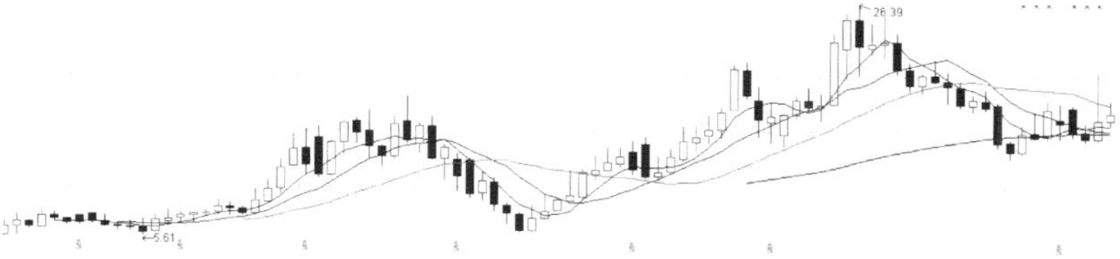

002043 的后复权月 K 线图

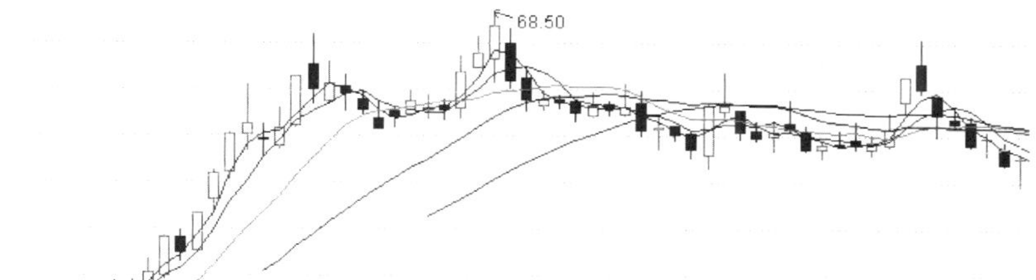

601168 上市时的日 K 线图

滞留股市十五载，我最青睐的股票有两大特点，一是有重组预期，或者是已经重组完成，但股价没有什么反应；二是股本小，特别是流通股少。说起喜欢小股本的原因，是因为中国的股票市场中上市公司有送股的癖好，大部分股票都是从小股本变成大股本的，一旦股本大到一定程度，这个股票也就死气沉沉、寿终正寝了。1997 年时，我曾经在一只相对较大股本的股票上吃过亏（梅雁股份），本想利用填权机会做个短线，没想到它就是不发动填权行情，最后搞得我持有一段时间后不得不在买入的价格附近仓皇出逃。后来单位的同事知道这事情就经常开玩笑寒碜我，说我被"梅"死了，现在这只股票的股本庞大到了 19 亿。

当然，股本大小是个相对概念，在 90 年代流通股本上亿就算大盘股了，而到了 2010 年，流通股本在 3 亿以内的也算小股本，上百亿的超级大盘股并不少见。回忆我操作过的许多股票，流通股本超过 5 亿的屈指可数，我最喜欢的是总股本在 3 亿以内、流通股本在 1 亿以内的股票。

第二部分　五年股市小学生

不论你使用什么方法选股或挑选股票投资基金，最终的成功与否取决于一种能力，即不理睬环境的压力而坚持到投资成功的能力；决定选股人命运的不是头脑而是耐力。敏感的投资者，不管他多么的聪明，往往经受不住命运不经意的打击，而被赶出市场。

——彼得·林奇

2005~2010年，我对股市有了一个全新的认识，特别是经过5年大熊市的洗礼及金荔科技的后怕。股市真不是人人都能在其中分得一杯羹的地方。每当我看到许多上了一定年龄的下岗工人也沉浸在股市这个大染缸里面时，我真不知道是高兴还是悲伤，我真担心他们成为中国资本市场的“炮灰”。

中国的股民按群体分为机构、游资和散户三种。机构主要包括各种基金（如社保基金、公募基金、私募基金、QFII、信托公司、投资公司等）。社保基金，崇尚价值投资，主要投资一些实力雄厚的绩优蓝筹股或成长性好的中小盘股。一般都是在市场低位进入，待估值较高时撤出。一般股票型基金的建仓范围广，大多依据自己的调研和判断建仓，有时扎堆某只股票，有时建仓自己看好的某只股票，其自主性强，不随波逐流，不轻易改变自己的观点，它们多建仓行业龙头，一个行业里建仓一、两只股票，其操作手法较多是在自己认为的低位建仓后等待，有些也和游资勾结或采用游资手法炒作股价。私募基金的手法更为灵活，既有公募基金的特点，也有游资的影子，其理念较杂，以保本盈利为原则，比公募基金更怕被套，所以手法多变。游资的实力介于基金和大户之间，但有时一些游资也联合起来作战，实力比基金还厉害。游资如蚊蝇，嗅觉敏锐，只注重市场传闻，不太注重大盘的走势，大多连续拉升，然后放出传闻，放水，再拉升，澄清之后，再放水，再拉升，他们比较喜欢中低价股，一般至少拉升70%以上，然后利用箱体横盘震荡出货。散户是中国股市的中坚力量。散户的投机性强，喜欢随波逐流，自主性差，理念模糊，涨时不愿意卖，跌时不愿意买，从某种意义上说散户是股市中既可怜又可恨的一个群体。

“三种群体”里面，散户占90%以上，主要有上班族、城镇退休或下岗职工。据调查显示，近七成投资者其资金来源于家庭多年积蓄，超过一半的投资者家庭月平均收入在5000元以下。散户中90%以上的人生活在这个社会的中下层，这些人整天泡在股票大厅里面，中午找个廉价的路边小店吃上一碗便宜的面条，或者干脆在证券公司啃上几口自带的干粮，喝上几口矿泉水。他们在农贸市场上和小商小贩讨价还价、斤斤计较，把省下的钱全部投入到股市，满怀期望地期待自己的资产能增值。可是他们省吃俭用的钱，往往会在一两天之内，在他们的眼皮底下，随着数字的跳动而化为乌有、烟消云散，最后只能发出一两声无奈的叹息和无用的抗议。

这些股民入市前都是满怀希望、心存侥幸的，他们总觉得自己会比别人聪明，比别人幸运。直到这个不规范的、不健康的股市让他们血本无归，他们才会幡然醒悟，黯然离去。但是，第二批股民又会满怀希望地进来，重复上一批股民的悲剧，继续在经历无数次的建仓、割肉，希望、失望直至绝望后，像上批股民一样在股市亏掉他们几乎一生的积蓄。据统计，中国股民90%以上最终是割肉离场的，他们留在股市的是一生的血汗钱和无尽的后悔。极少数幸存下来的股民都是有着各种各样侥幸的原因，这种低概率具有相当的偶然性。

二十年来，全体股民对中国经济发展的贡献是有目共睹的，也是不容抹杀的，但很少有人意识到中国股民是中国经济发展的功臣。这些最可爱的股民们，并没有指望股市能给他们大富大贵，他们只是想挣个菜钱，他们只是想让自己财产的增值别总是输给 CPI（居民消费物价指数）。

中国股市是世界上最险恶、最残忍、最没有公平正义的市场，中国股民是世界上最卑微、最无奈、最傻帽、最悲剧的群体。股民一旦进入股市，就像一只羔羊进入了狼群中，这些狼的嘴边还残留着上一批股民的鲜血。自从中国股市诞生的那一天起，它就是一个畸形、怪胎。定位的错误导致中国股市就如一个合法的大赌场，上市公司做假账、新股高价发行、主力与媒体勾结等等现象如家常便饭、不胜枚举。

第5章　柳暗花明

2005年,中国股市随着“股改”序幕的拉开终于走出泥潭、迎来曙光。“股改”全称是股权分置改革。股权分置也称为股权分裂,是指上市公司的一部分股份上市流通,另一部分股份暂时不上市流通。前者称为流通股,主要成分为社会公众股;后者为非流通股,大多为国有股和法人股。中国资本市场建立之初,上市主要对象是国有企业,而国有企业的控股股东是国家或代表国家的各级国有资产管理部门。这样就出现了中国证券市场所特有的国有股和法人股,并且国有股和法人股不能像普通股一样上市流通。国有股、法人股、普通股“同股不同权,同股不同利”,被普遍认为是困扰股市发展的头号难题。所谓“股改”,就是让国有股和法人股全部像普通股一样,参与市场流通,通过全流通实现同股同权,同股同利。

股权分置的由来和发展包括三个阶段。第一阶段:股权分置问题的形成。我国证券市场在设立之初,对国有股流通问题总体上采取搁置的办法,在事实上形成了股权分置的格局。第二阶段:通过国有股变现解决国企改革和发展资金需求的尝试,开始触动股权分置问题。1998年下半年到1999年上半年,为了解决推进国有企业改革发展的资金需求和完善社会保障机制,开始进行国有股减持的探索性尝试。但由于实施方案与市场预期存在差距,试点很快被停止。2001年6月12日,国务院颁布《减持国有股筹集社会保障资金管理暂行办法》也是该思路的延续,同样由于市场效果不理想,于当年10月22日宣布暂停。第三阶段:作为推进资本市场改革开放和稳定发展的一项制度性变革，解决股权分置问题正式被提上日程。2004 年 1 月 31 日，国务院发布《国务院关于推进资本市场改革开放和稳定发展的若干意见》，明确提出“积极稳妥解决股权分置问题”。

2005 年 4 月 29 日，中国证监会发布《关于上市公司股权分置改革试点有关问题的通知》，股权分置改革试点工作启动。三一重工、紫江企业、清华同方、金牛能源 4 家企业被确定为首批股权分置改革试点公司。2005 年 9 月，股改战役全面打响。股权分置改革导演了中国证券市场上一段波澜壮阔的牛市行情，短短两年多时间，上证指数一路高歌猛进，从 1000 点附近涨至 6100 多点。市场对于此轮牛市的发动归结于人民币升值、中国上市公司质量提高、国际资本介入等。同时，人们也把更多的赞美之辞送给当时的证监会主席尚福林，说：“是股权分置改革的成功带来了中国股市的春天。”现在回过头来想，上述理由可能并不是发动这波大行情的关键因素，或许资金推动才是核心，否则中国股市就不会在接下来的几年时间，在国际股市普遍上涨的背景下独自熊霸天下了。

2007 年，由于中国证券市场行情继续火爆，我加大了股票的操作力度，在这一年中我操作的股票或许是我参与股票市场以来最多的，前前后后不少于几十只。虽然 2006 年大盘上涨了许多，但上涨的基本上都是大盘指标股，我持有的玉源控股像慢牛拉破车，一步一回头。记得当时有位同事问我是不是赚惨了，我只能苦笑、无言以对。实在受不了这种折磨了，我在玉源控股股价达到 5 元时，开始陆陆续续卖出，然后寻找新的操作目标。

最先进入我视野中的股票是绵世股份（000609），它原名燕化高新。我关注它的理由主要有两点，一是它的股本小、业绩不错，2005 年的每股收益达 0.23 元，这在当时的小盘股中是少有的；二是它重组后主业从事土地的一级开发。春节过后刚上班这段时间单位没有多少事情要做，同事之间聊股票成了重要内容，我在仔细分析了绵世股份这只股票后，就在10元附近买入了它，并且把我的这个研究成果和买入情况广而告之了。几天后，我赚了10%就出来了，结果它就在我卖出的价格附近整理了1个月后开始启动。2007年4月11日它产生第一个涨停板后，股价就不断震荡上扬，短短两周时间从11.91元涨到了18.93元，单位同事看到这个情形时，都说我赚惨了，我真是有苦说不出，他们都不相信我说的在一个月前只赚了10%就卖了的事实，不信也没办法，我不可能把账户给他们看，只能认命吧。后来在房地产市场火爆的情况下，它作为房地产的一级开发商，更是上涨得让我直跺脚，1年时间达到了历史高价76.54元，我当时是肠子都悔青了。但资本市场上有疯狂就有没落，现在它的复权价格仅为35元左右，巅峰时期进去的股民没有及时撤出来就都成了资本市场上的“牺牲品”。

现在想来，为什么我早早地就出局了，主要原因是骨子里面没有认可房地产市场的走势。记得当时同事们聚在一直闲聊，说起重庆沙坪坝有一处房子春节后的开盘价3600元左右，问是否可以值得去买时，我还嫌价格高了点，有两位同事听说这个消息后第二天就去交了定金。如果当时能联想到人们投资房子的热情就肯定会多持有它一段时间，可惜我万万没有想到中国的房地产市场会继续高歌猛进。因为房子的价格从2002年开始已经上涨了5年，我想通过5年的缓慢上涨后房价应该横向整理或者下跌了，结果事实同我的预计完全相反，房价在后面的几年中上涨更是达到了丧心病狂的地步，2009到2010年仅一年的时间重庆房子的开盘价格就来了个对翻。现在那处每平方米3600元的房子已经高居在15000元以上了，我的那两位当年买入的同事肯定在偷着乐了。没想到，房子的价格上涨传递到资本市场上更是癫狂，当时A股市场上许多房地产股票都展开了一轮波澜壮阔的“大跌进”，最著名的就属万科了，更是造就了资本市场上的投资神话。

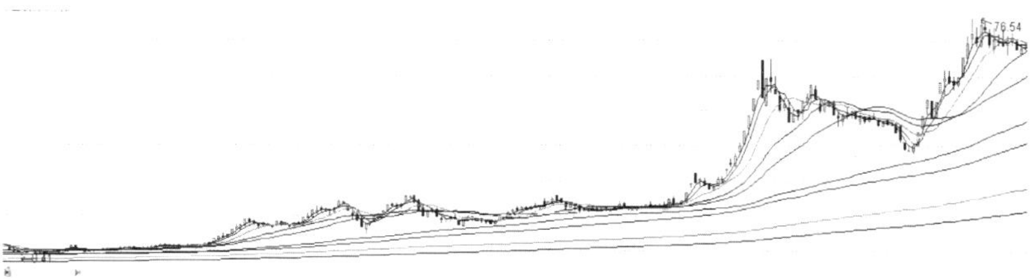

000609 在 2007-2008 年的日 K 线图

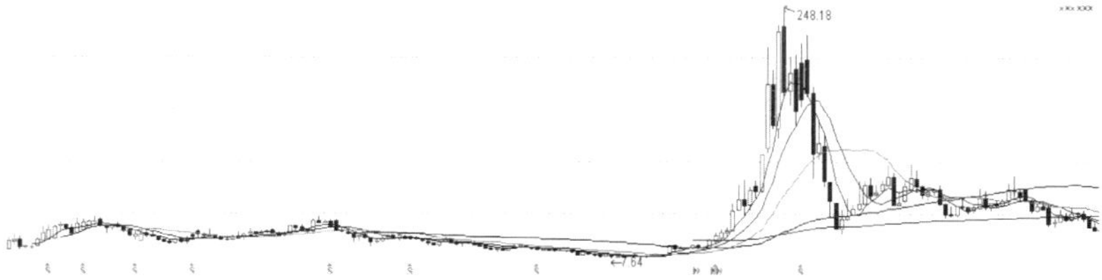

000609 在 1996-2012 年的后复权月 K 线图

接下来进入我视野中的股票就是南宁百货(600712)。2007 年 4 月 5 日,那天刚好我工作上没什么事情需要做,于是我坐在办公室的电脑前看股票,突然我的自选股中南宁百货有一笔 15104 手的大买单,然后我调出它的日 K 线图,发现它在 2006 年 7 月 11~14 日连续涨了 4 个涨停板,随后开始长达半年以上的横盘,我想可能有人要启动它了。当天股市收盘后,单位的书记到我办公室来闲聊,他是一个比我资格还老的股民,我向他说了一下南宁百货的这个异动现象,他也觉得非常奇怪,留下话,“明天可以重点关注一下,看它要搞什么动作。”

第二天,开盘前,我就早早地坐在电脑前面观察它的动向,当天的开盘价 8.28 元,一笔卖单将价格瞬间打到 8.20 元,然后开始维持在昨天收盘价 8.34 元上方整理,发现它跌不下去了,我就在 10 点钟委托买入,价格挂在 8.34 元,不一会儿它的价格回落到

8.35 元后就开始放量上涨，由于 1 分钱的差异让我错失了一次短期改变账户资金的命运。后来看到它天天上涨，我只有感叹命运不济，因为我有个习惯，如果一只股票很快离开了我预设的买入价格，即使它是一只超级大牛股，我也不再追高买入，多年后总结发现这或许不是一个好的习惯。

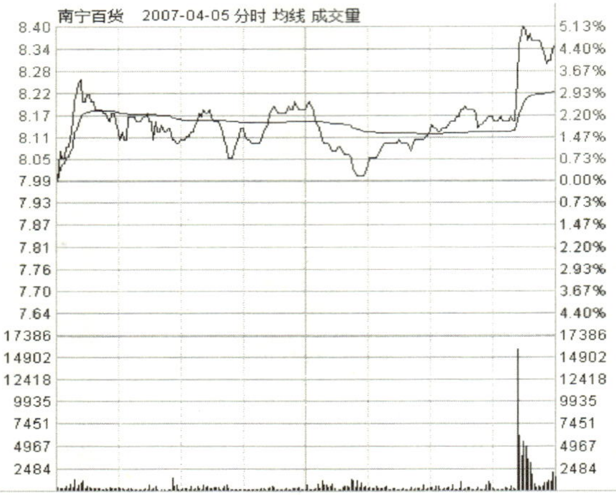

14:37	8.15	10	S
14:38	8.15	260	S
14:38	8.16	23	B
14:38	8.16	83	B
14:38	8.16	98	B
14:38	8.16	28	B
14:39	8.15	103	S
14:39	8.16	61	B
14:39	8.15	65	S
14:40	8.15	5	S
14:40	8.15	31	S
14:40	8.15	5	S
14:40	8.15	25	B
14:40	8.15	26	B
14:40	8.15	5	B
14:41	8.15	10	B
14:41	8.20	15104	B
14:41	8.20	10	S
14:41	8.24	176	B
14:41	8.25	58	B
14:41	8.25	323	B
14:41	8.26	124	B
14:42	8.28	272	B

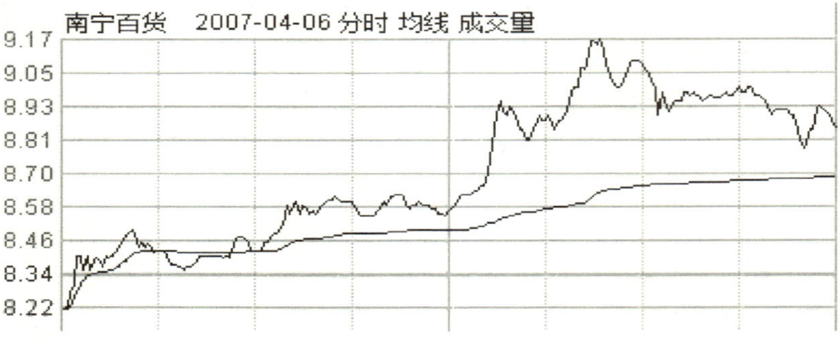

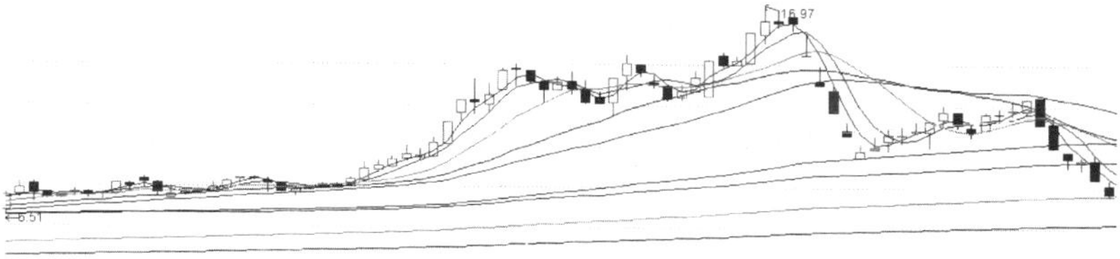

600712 在 2007 年 3 月–6 月的日 K 线图

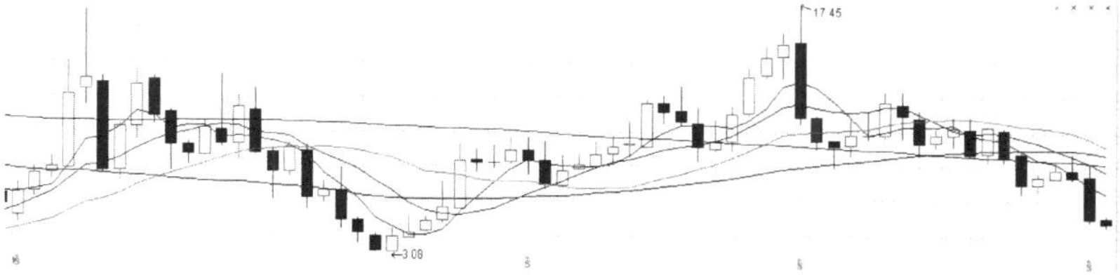

600712 在 2007 年 1 月–2012 年 8 月的月 K 线图

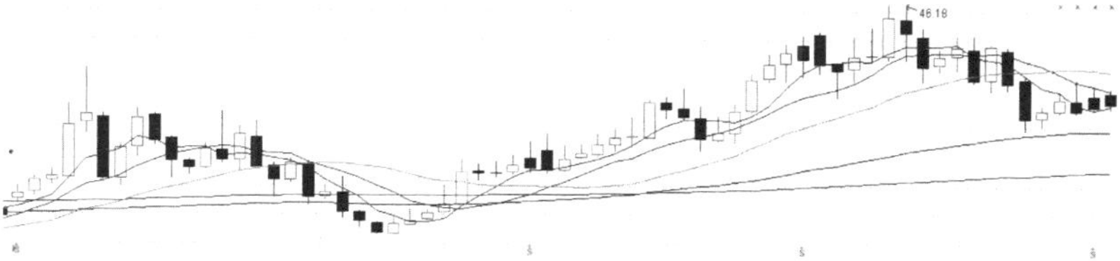

600712 在 2007 年 1 月–2012 年 8 月的后复权月 K 线图

痛失南宁百货后，我又开始寻找下一个目标。它们分别是绿景控股（000502）、金宇车城（000803）、东方银星（600753）、洪城股份（600566）等。这些股票的共同特点是股本小、重组预期大，股市中关于它们的各种传言比较多。四只股票我买入的价格分别在 8.0 元、7.4 元、6.5 元、9 元附近，此时的上证指数已经在 3500 点附近，我开始有点畏惧了，因此，不敢持股时间太长，稍有点利润就赶紧兑现。没想到大盘继续震荡上扬，在“5·30”前它们的最高价格分别达到了 13.75 元、16 元、13.5 元、12.32 元，由于我的胆怯，只赚了点小钱。

绿景控股(000502),原名琼能源,是历史上非常活跃的一只股票,特别是在 2000 年期间,由于重组的朦胧题材出现过连续涨停的走势,那个时候它叫 ST 琼能源,涨跌幅 5%。2004 年,它取消 ST,但由于大盘属于熊市阶段,也没怎么表现。但在 2004~2007 年间的日 K 线图上经常出现连续涨停的走势,这也是它进入我自选股的重要原因。虽然它已经取消了 ST,但在 2006 年的大盘上涨过程中并没有多少涨幅,股价比 2000 年时戴着 ST 帽子的时候还低。2007 年 4 月,我在 8.50 元左右用一部分资金买入了它,在我买入后,它只是小幅上涨,此时大盘已经快 4000 点了,我不敢继续持有,于是获得了小许利润后就卖了,我出来后大盘继续上涨,它也开始加速上涨了,在著名的"5·30"事件前达到 13.75 元。

"5·30"后它出现了两波大的下跌,短短 1 个多月时间(5 月 30 日~7 月 6 日)跌到了 6.28 元的低价,然后就开始了一波史无前例、波澜壮阔的上涨行情,同样用了 1 个多月时间(7 月 6 日~8 月 9 日)涨到了 22.63 元的最高价。

金宇车城(000803)。它在 2006 年以前是一个典型庄股,因为在 2001~2005 年的大熊市期间,它的股价并没有下跌多少,日 K 线图上显示它几乎天天都在画"心电图",2006 年 3 月开始发生雪崩走势,估计与庄家的资金链断裂有关。2007 年 4 月,我在 7.50 元左右买入了一些,买入的理由是原来的主力肯定会借助大盘的上涨产生一波自救行情。可惜进入后,我发现它几天都没什么动静就开始怀疑自己的判断了,于是只赚了点小钱就跑路了,可气的是,当我刚出来几天,它就开始大幅上涨,最后达到了 16 元的高价。

东方银星(600753),原名冰熊股份。在 2007 年 4 月的时候它叫 ST 冰熊,同样是重组预期,我用了少量资金介入,后来想大盘涨得这么好,它即使涨一天也只能上涨 5%,还不如买非 ST 股更好,于是 2 天后就出来了。同样的,它在 1 个月的时间中从我介入时的 6.50 元左右涨到了 13.50 元。

洪城股份(600566)。公开资料显示洪城股份拥有34项具有自主知识产权的专利产品,10项阀门制造核心技术,在特大口径水轮机进水蝶阀、特大口径水轮机进水球阀、特大口径流量调节阀和特大口径真空阀门的设计,制造方面具有国内领先、国际先进水平。当时"南水北调"工程正紧锣密鼓地进行,我想它肯定会有一波行情,唯一让我不太舒服的是公司的第一大股东是由49名自然人组成,如果仍然是第二大股东荆州市国有资产监督管理委员会为第一大股东,或许我对它持有的信心更充足、时间会更长,真有些"想说爱它不容易"的感觉。我在9元附近介入,也是持股几天就出来了,后来虽然它也涨到了12.32元,但涨幅明显比前面几只股票逊色多了。

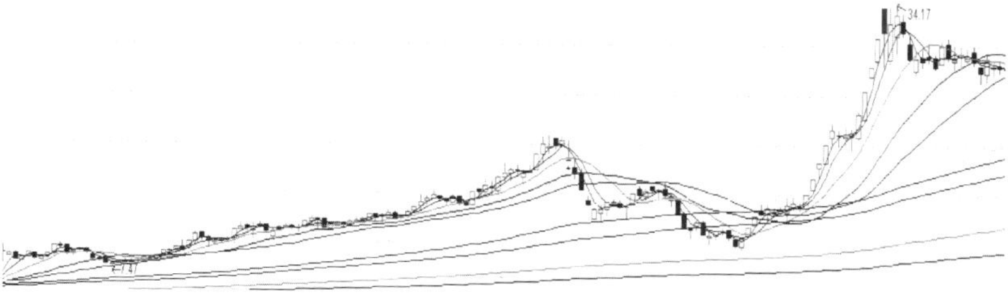

000502在2007年1月-8月的日K线图

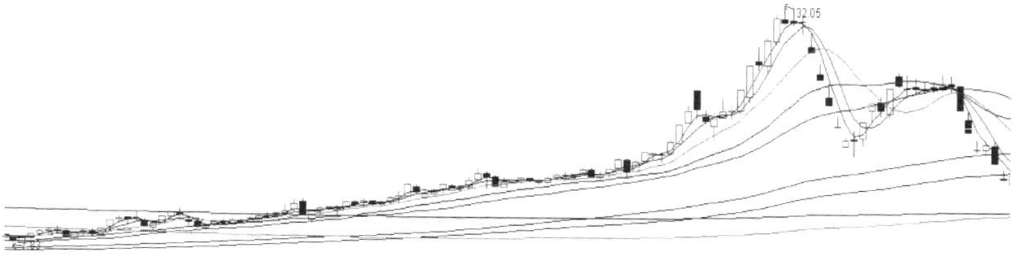

000803在2007年1月-6月的日K线图

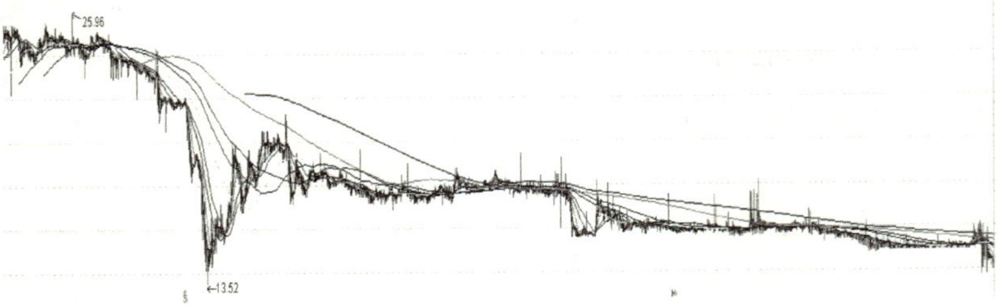

000803 在 2001-2005 年的日 K 线图

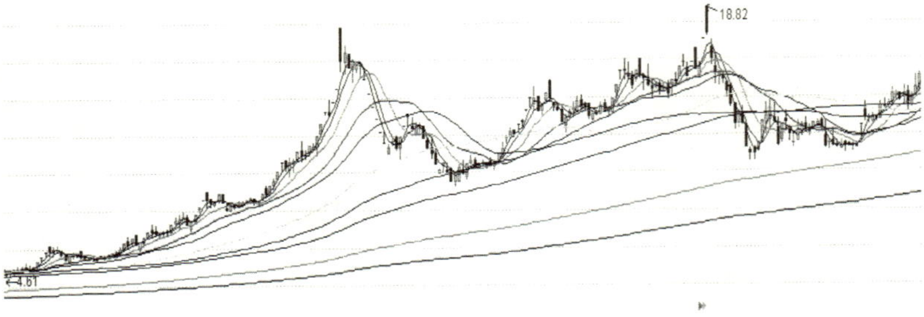

600753 在 2007 年 1 月-12 月的日 K 线图

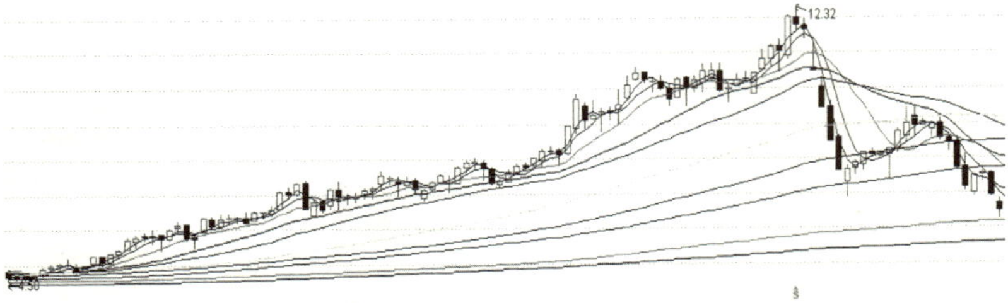

600566 在 2007 年 1 月-6 月的日 K 线图

2007 年 5 月，我短线操作了一次青岛碱业（600229）。买入的理由完全是出于消息。记得买入的前一天，我同单位的一位刚参加工作的同事闲聊股票的时候，他说他有个同学在证券公司打工，我问他能否让同学透露点内幕消息。第二天刚刚上班，我的这位同事就跑到我办公室神秘地对我说，他昨晚打电话咨询了一下他同学，建议我们买青岛碱业这只股票。既然有个证券公司的人说买，我想也没想，就开始买进，当时我一次性买进了 40000 股。后来，单位的书记知道这事情后就问我，买还是没有买？我说买了 10000 股，书记笑笑对我说："你胆子真够大的，一下子买这么多，不怕消息有假呀！"因为当时的大盘点位比较高了，书记作为一个老股民，操作已经非常小心了，通过他的话语，我明显感觉到了他对我冲动的一种担忧，还好我没有完全给他说实情，否则出于关心的角度，他得批评我了。

当时，我买入的价格在 8 元附近，买入后就有点赢利，但我想既然是内部消息股，肯定不只是这点涨幅，于是就锁仓没动。结果第三天（4 月 19 日），它出现了大幅下跌，收盘时跌幅达 8.65%，这时我处于浅套的局面，由于一次性买入量比较多，算下来亏损也上万元了。当天收盘后，我心里面就有点打鼓，怀疑这个消息的真实性，于是要求我的同事继续同他同学联系一下，怎么会出现这种情况呢？过了一个晚上，第二天上班的第一时间，我就问我的同事对方怎么回答的，他说对方让我不要担心，这是正常的洗盘。得到了这个答案，我心里面开始舒服了很多，事实也同他的同学说得差不多，这天它上涨了 6.77%，基本上又回到了我买入的价格附近。接下来的一天，它又涨了 9.63%，我开始赚钱了。后来，无意中同我的这个同事聊天时，才知道他的这个同学是证券公司的一个勤杂人员，我一下子就有些慌了，并且看到这几天它的股价横盘不涨了，我就管不了那么多了，保住胜利果实重要，于是在 9 元附近全部清仓了。虽然它在"5·30"前达到了 12.26 元的价格，我一点也不后悔，因为我怀疑这个消息没有想象的那个分量，一个勤杂人员也敢忽悠我这个久经沙场的老股民有点搞笑嘛！后来，我对我的那位同事说："今后遇到这种消息一定得先搞清楚消息'源'，不然你我就可能成了别人菜板上的肉了。"

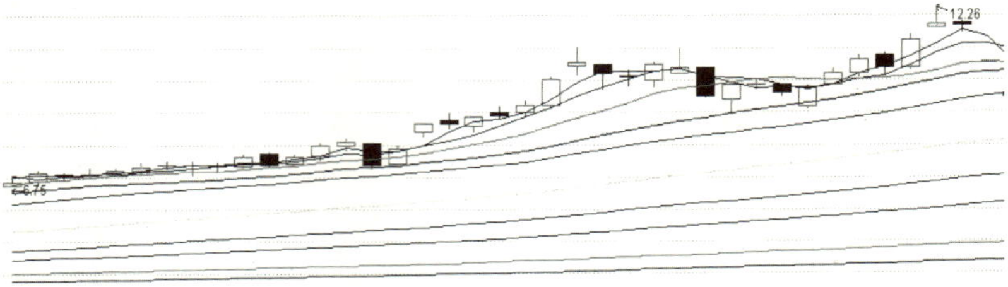

600229 在 2007 年 4 月–5 月的日 K 线图

在 2005~2007 年这个千载难逢的大牛市期间，我见证了在资本市场上呈现出的一幕人间悲喜剧、天上掉馅饼的事情，那就是发生在我妹夫身上的真实故事。我妹夫炒股多年，进入股市的时间比我还早 1 年，虽然投入股市钱不多，但多年下来，炒得只剩下零头了。我妹夫比较喜欢短线操作，属于见势不对拔腿就跑的人，虽然在单只股票上没有发生过大的亏损，但多次的小亏损后资金也所剩无几了。

到了 2006 年，他总共 2 万多元的本金在股市上只剩下几千块的零头了，由于钱少，他专注的股票很少上 5 元的，经常在 2~3 元的垃圾股中来回奔波，终于等到了一次让他终生难忘的绝好机会，那就是买入西南证券(600369)。他最初买入的价格是 2 元多，那时候西南证券名叫 *ST 长运，是重庆板块中亏损严重的上市公司，但有重组传闻，特别是在停牌前的那段时间，传闻在重庆几乎家喻户晓。我估计我妹夫就是奔着这个重组去的，后来听说我姐夫也知道重组这回事，他也买过，唯独我这个重庆人不知道这个人人皆知的好消息。可惜我姐夫进去了一次就出来了，我妹夫虽然也进出了好几次,关键的时候他坚持住了,他在最后关门前几天进去后就没出来了(因为天天涨停板)。后来这只股票真的重组停牌了,在这个停牌的一年期间,我们在一起玩的时候,我妹夫看着大盘涨得这么好,而 *ST 长运又没什么消息,他还是有些着急,担心它放出来的时候大盘就不好了。因为他的几千大洋全押在了这只股票上,“焦虑”的心情很正常,但我们都知道他肯定会赚钱,因为西南证券重组已经是铁板钉钉的事,只是不知道能赚多少。

刚好停牌一年(2006 年 11 月 24 日~2007 年 11 月 23 日),*ST 长运开盘出来就被巨量大单封在了涨停板,接下来创造了当时证券市场上的奇迹,连续涨了 42 个涨停板,股价从停牌前的 2.81 元涨到了 21.86 元,也就是最高价这一天,我们看到突然出现大的换手率(收盘时换手达 17.68%),于是建议妹夫卖了。最终他在这只股票上一下子就将十年的亏损全部补回来不说,还赚了几万块钱。从此我妹夫好像突然找到了赚钱的方法,专注低价垃圾股,如 ST 松辽、ST 金材、ST 金果等,近几年他在股市上的战绩还挺不错。一年前(2011 年)听说他买了 *ST 金城,这只股票已经在 A 股的主板上看不到了,但关于它重组的声音一直没有断过,但愿我妹夫能在它上面续写 *ST 长运的神话。

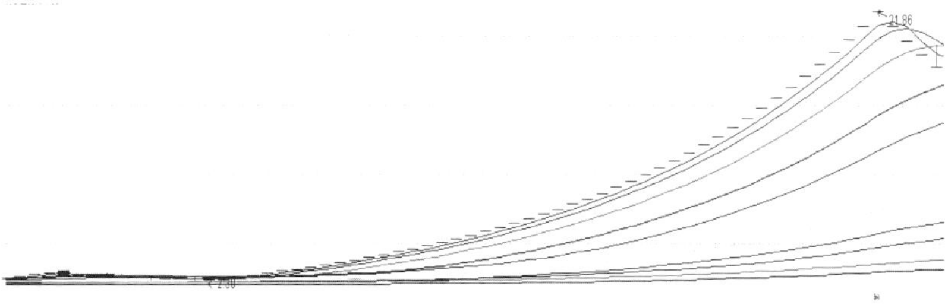

600369 在 2006 年 11 月–2008 年 1 月的日 K 线图

在这个牛市期间,我也见证了长线持股的优势。那就是我单位的一位同事持有的航天电器(002025)。从 2004 年这只股票上市的第一天起,我这位同事就一直持有它不动(市值配售中签所得),在 2007 年大盘最高点时价格达到了 83.65 元,是上市第一天价格的 7 倍,直到 2012 年,它的复权价格也有 60 多元。由于他在这只股票上的完胜,他也赢得了第二任岳母的大加赞赏,最终抱得美人归,不仅让单位的同事们羡慕,连领导也有点嫉妒。真是赌场得意,情场也得意呀!现在看来,他的成功不仅与耐心有关系,更重要的是他持有的标的非常不错。

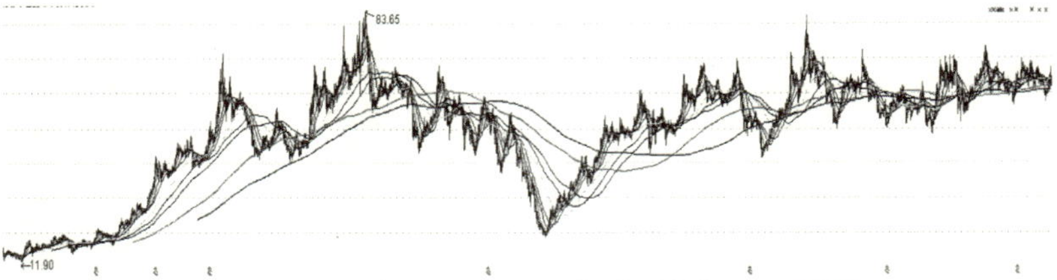

002025 在 2004–2012 年的后复权日 K 线图

第6章　惊心动魄

2005年8月22日，这是一个值得中国证券市场铭记的日子，宝钢权证的登场，标志着在经过十余年的探索之后，中国证券市场迎来了金融衍生品的发展阶段。

权证，是指基础证券发行人或其以外的第三人发行的，约定持有人在规定期间内或特定到期日，有权按约定价格向发行人购买或出售标的证券，或以现金结算方式收取结算差价的有价证券。权证实质反映的是发行人与持有人之间的一种契约关系，持有人向权证发行人支付一定数量的价金之后，就从发行人那里获取了一个权利。这种权利使得持有人可以在未来某一特定日期或特定期间内，以约定的价格向权证发行人购买（出售）一定数量的资产。

权证包括两种类别，购买股票的权证称为认购权证，出售股票的权证叫做认售权证（或认沽权证）。根据权利的行使方向，认购权证属于期权当中的“看涨期权”，认沽权证属于“看跌期权”。权证作为股指期货正式推出前的探路品种，它与股指期货的定位和功能不同。股指期货由于供应量无限、具有套利机制，因此盈利模式有别于权证。稀缺性、T+0和中国股市天生缺乏的做空机制让权证炒作没完没了，以至于多次受到交易所的警示。

据统计，沪市有宝钢、武钢、招行、南航等17家上市公司，先后在股改中利用权证作为股改对价，相关大股东发行了21只权证产品，并在上交所挂牌交易。宝钢权证从上市那一刻起就没让管理层少操心，风险警示一直没有停止过，这种警示在中国股市发展的10多年中其力度是前所未有的，但炒作者还是置若罔闻，最后弄得是“两败俱伤”。一年后，宝钢权证退市，步入牛市后，认沽权证成为了烫手的山芋。随后深市的新钢钒认沽权证登场，2007年“5·30”印花税事件又刺激认沽权证全面爆发，从此一发不可收拾，仅仅一只认沽权证一天的成交量就可达到数百亿元，其价格可以翻上几番。

钾肥权证更是创造了一个不知真假的“义庄”形象和价外权证（价值为零）到期不归零的神话。随后，在招行认沽权证上，游资和炒家开始体会到了什么叫“魔高一尺，道高一丈”。上交所为了打击招行认沽权证的炒作，破天荒地允许券商无限量创设同一个代码的权证，也就是无限量地增加了招行权证的供应量。同时，深交所采用了组合拳，规定了各种临时停牌、限制炒作的条款，权证顿时人气涣散。最后一只认沽权证——南航权证又点燃了新战火，后者也成为史上争议最大的权证，26家券商无限创设了123亿份南航JTP1，为他们赢得了超过200亿元的账面利润，直接的亏损人就是参与者，包括游资和散户。但也正是价值为零的废纸，迫使管理层为了平息广大散户的怨气而授意券商在其到期前全部注销创设筹码，回吐了约66亿元（该过程即拉高解套）。

2008年6月20日，南航权证的退市宣告认沽权证暂别，后来现存的都是认购权证。除了钢钒权证，与他们的前辈一样，个个都是价外权证，也就是依旧保持了中国权证市场最醒目的废纸本色。随着2011年8月11日，四川长虹权证的交易结束，中国A股市场暂时告别了权证时代。四川长虹发布公告称，截至8月18日收市时止，共计5.65亿份长虹认股权证成功行权，这意味着四川长虹由此成功融资了29.5亿元。

根据上交所的统计，自权证产品上市以来，上交所共实施权证临时停牌16次；异常交易调查217起，涉及近48家营业部；发出警示函、监管问询函、监管关注函90份；先后有223个异常交易账户被限制交易。

权证品种的大起大落，让我这个长期在股票市场中的人深受感染。随着时间的不断推移，我也开始少量涉足它，主要参与了江铜权证和长虹权证的炒作，进进出出也有好几次，但基本上没赚到什么钱。为了检验一下我内心的承受能力，我全仓买入了江铜权证一次。有一天当它跌去我买入价格的3%左右时，我就有些受不了了，最后在反弹到我买入的价格附近时，我全部清空了它，结果它在我买入的价格附近震荡了几天后就一路狂飙，没几天就比我买入的价格高出了一倍。虽然我很是后悔自己的操作，但静下心来思考，还是有些害怕，或许天生我就不适合这种最终价值归零的纯炒作品种，因此，我暗暗告诫自己，即使今后股指期货推出，我也尽量不去碰它，因为权证的大幅波动我都不能适应，更何况股指期货还有杠杆放大作用呢？小心驶得万年船吧！

说起权证，我想起发生在我弟媳妇身上的一件可笑的事情。她打电话给我说她买了500股权证，我当时听到这个消息，极力地劝说她不要去碰这个即将到期的认沽权证，因为中国市场上的权证基本上到期时都没有价值，她说只有500股，钱不多（她买入的价格是每股0.50元左右），既然这样，我也不好意思再说什么了。几天后，她买的权证价格翻了一倍，我赶紧挂电话叫她卖了，她说等几天再说，结果她买的权证跌到了1毛钱附近，临到最后交易的前一天，我说权证到期后就没有了，现在卖出还可以拿回来50块钱。她就是不相信我说的话，说放在那儿作纪念，我听到这话就有点着急了，权证又不是纸凭证，现在你的电脑里面有显示，等最后一天结束，你的电脑上面就没有了。她还是不信，居然对我这个长期在股市里面混的人所说的游戏规则都不信，我真拿她没办法，50块钱也是钱呀！我深深地感受到了“对牛弹琴”的郁闷，她的这件事情也经常成了我同朋友们瞎聊时的笑柄。

权证市场由于涨跌幅度大，更容易出现乌龙事件。在中国的权证市场上就出现了这样一位幸运的投资者。2007年2月28日,一位南京股民捡到了天上掉下的“大馅饼”,以每份0.001元的价格买到了82万份海尔认沽权证,按照当日该权证收盘价0.699元计算,市值达到了573180元,一下子赚了700倍。

据了解,这位幸运的投资者有个习惯,他每天都会按照1厘钱的最低价格挂出海尔认沽权证买单,而其对手盘,或许是根本没有在意买单情况,匆匆忙忙地挂出市价委托卖单,从而撮合成交了。由于该卖单数目巨大,一些人士猜测,很可能是某家机构在操作中的失误,让这位投资者捡到了便宜。从另一个角度讲,这位投资者真是一位有心人,他能坚持不懈地天天挂出如此低的价格很不容易,耐性是何等的坚强。从这件事情上,我也深深地体会到了“世上无难事,只怕有心人”这句话在投资市场上的魅力。

第7章　高处不胜寒

2007年5月，虽然大盘继续不断向上突破，但我却越来越没有底气，多年的股市经历滋生了我的“恐高症”，我不得不小心翼翼地操作，大盘稍有风吹草动我就出来观望。虽然我的资产增值并不大，但5年熊市的经历仍历历在目，我不敢有丝毫的懈怠。记得在“5·30”事件的前几天我就已经全部从股票中撤出来了，因为在5月30日前的这一段时间，各大媒体又开始不断提醒风险了，这让我想起了1996年12月15日中央电视台的晚间新闻。但我出来的这几天看到不少个股涨幅惊人，人们的热情继续高涨我又开始怀疑自己是不是过于谨慎了，于是有点蠢蠢欲动。

买入什么股票呢？我先前在4月份进去的几只股票大部分都有了翻倍的行情，肯定不能再买它们了，因为我从来不喜欢在一棵树上吊死，相信可以买的股票有很多，只是买的理由不同而已，“东方不亮西方亮”，这也是我信奉的“爱情观”。经过几天的选股和思考，最后把目标锁定在了重庆板块，理由是2007年6月正值重庆直辖十周年，重庆股肯定会上演一波行情，具体买哪一只呢？我同单位同事将重庆板块的股票全部分析了一遍，最后选定重庆路桥（600106）。因为我在重庆生活十几年，亲眼目睹了重庆直辖前后的巨大变化，特别是重庆的路桥建设更是一大亮点，十周年庆典肯定少不了媒体的报道，而最容易上镜的就是重庆的路和桥了，于是我就在4月29日收盘前几分钟全仓买入了重庆路桥这只股票，买入价格在 17 元左右。记得当时我的这种果敢和豪气引来了不少同事的议论，有人说好，有人说不好，说不好的主要是觉得我太冲动了，并且重庆路桥的价格已经不低了。我计划是短炒一把，只要有点利润就行，我坚信重庆路桥在政府和媒体的渲染下一定会有所表现。

“天有不测风云，人有旦夕祸福”，我的冲动受到了严厉的惩罚。5 月 30 日凌晨，国家为了控制股市不理性的局面，出台了提高证券交易印花税到 3‰的重大利空，这次突发事件也被人们戏称为“半夜鸡叫”。5 月 30 日早上开盘前，我就早早地坐在办公室电脑前观察这个政策对证券市场到底会产生什么影响，影响有多大。我持有的重庆路桥当时的集合竞价并没有直接开在跌停板上，这让我紧张的神经松弛了下来。鉴于重庆直辖庆典活动近在咫尺和昨天买入而今天就亏损的现状，我没有做出卖出的举动，最后在上证指数下跌 281 点的情况下，它收在了跌停板上，一天就让我的资产缩水 10%，这在我的股票投资生涯中是从来没有出现过的事情，郁闷之情跃然脸上，一目了然。

第二天上证指数收出了一根带下影线的阳线，我的重庆路桥也收出一根十字阴线，我想它应该企稳了吧！没想到，上证指数第三天又下跌 108 点，第四天又下跌 330 点，第五天盘中最大下跌 266 点，最后收出一根中阳线。重庆路桥接下来在第三天和第四天连续两天跌停，第五天盘中创下 10.56 元的低点，我的账户损失惨重，短短 5 天时间，亏损 30%以上。

当时，我办公室来了位实习的研究生，由于我这个资深股民的存在，她不断地受到我们的影响，也想进股市玩玩，她问我可不可以进，我详细地同她说了股票的风险，并且强调“现在上证指数已经到 3000 点以上了，风险非常大，如果你非要玩，拿 1 万块钱试试也可以，我倒可以指导你一下。”或许是她受周围环境的刺激，或许是出于对我这个老股民的信任，没过多久，她就去证券公司开户了，并且存了 1 万元。当她问我买什么股、什么时候买时，我对她说："不急，我先进去探探路，然后你再进来，我解套，你赚钱。"没想到，我一进去，就遭遇到了灭顶之灾，虽然几天时间我的亏损非常严重，但我对重庆路桥还是非常有信心。因为我想即使大盘转向，重庆路桥也会有一波炒作行情，赚钱不好说，亏损的可能性还是比较小。当重庆路桥第二天继续下跌的时候，她问我"可不可以进了"，我说"不急"，第三天她就回学校去了。

2007年6月6日，也是重庆路桥创下近期最低价格的那一天。当我发现大盘在下午开盘后不久出现了快速上涨，于是我挂电话问她买不买，她倒挺干脆，直接把资金账号和密码告诉了我，让我看着办，亏了不用我管，于是我在下午12元左右将她的1万元现金全部换成了重庆路桥。记得她最先开始想炒股的时候，是想把钱放在我的账户上炒，鉴于我不想让别人知道我股市里面有多少钱，我极力地劝说她自己单独开户。为了操作方便，我建议她到我开户的证券公司开户，开完户后她并没有提及委托操作的事，我想她可能是想自己操作，但我还是希望她能在我的指导下进行，因为她对股票一点不懂，我担心她吃亏。我曾经同她开玩笑似的说："我们之间可以有两种方式来合作，一种是赚和亏都由你自己负责，我只负责指导；一种是亏了我负责，赚了我分得利润的50%，并且约定一个时间期限，我要求至少3年不能动用这笔钱。"其实分钱只是说说而已，目的是检验一下对方的风险承受能力。

我曾经代理了一位好朋友的账户，最后赚了钱我也没有分成，她当时将账户交给我的时候倒说得非常好，"亏了不用我管，赚了分成50%"，能得到这样的朋友信任，我有分钱的非分之想吗？我的这位朋友也是在1996年就进入股市的，但由于对股市不感兴趣，账户就交给了别人打理，几年下来3万块钱的本金亏得只剩下1万多元。2000年的时候，我听说她不想炒了，于是顺口对她说让我试试，我的出发点就是希望能将她的亏损补回来，没想到她真的拿出了4万元交给我打理，并在我的帮助下办理了开户手续。

在 2001 年的时候，她的账户资金总额最高时达到了 8 万元，后来的 5 年熊市将她账户上所有的利润全部吞失殆尽。2006 年，当她的账户资金又积累到 8 万元时，她变得非常小心了，于是将 4 万元本金从股市中撤出去了。或许是 5 年的熊市让我对代人理财有些害怕了，她撤出本金时我没有一丝阻拦的意思，反而她把本金拿走后我如释重负。2007 年，我将她账户上的 4 万元钱又积累到了最高时的 8 万元，没想到 2008 年大盘的快速下跌，上证指数到最低点 1664 时，她的账户资金只剩下 3 万多元了，到了 2010 年她的账户资金又上升到最多时的 12 万元。

她说她买房需要钱，于是就从账户中取走了 10 万元，没想到大盘从 2011 年就开始下跌，到 2012 年 8 月时，上证指数跌到了 2000 点附近。她的明智让她躲过了这次下跌的风险，有一天，我对她开玩笑说："你是不是冥冥之中感觉到了股市的风险哟？"因为我的资金仍然停留在股市中没有出来，在 2011~2012 年期间账户资金亏损近 50%。有时候，我静下心来想，中国股市真是"人算不如天算"，谁会想到上证指数会跌到 2000 点。记得 2010 年时，我弟弟曾经对我说，如果上证指数再跌到 2200 点，他砸锅卖铁也要买股票。现在上证指数已经到 2000 点了，但我却依然看不到希望，有次同朋友聊天时，我说像我这种铁杆股民，都萌生了退意，真不知道中国股市未来的路在何方？但愿我能一路坚持下来，相信"未来是光明的，道路是曲折的"。

大盘从 2007 年 6 月 6 日以来，就开始了反弹之旅，10 天就接近了下跌前的高点。我持有的重庆路桥更是凶猛，两波快速上涨就站上了 23 元，这时候"股吧"里面有人说它不涨到 30 元死了也不卖。我由于对大盘的恐惧及直辖庆典题材的兑现，就在 23 元附近全部卖出了，短短半个月时间获得了 30%的利润，而我办公室的那位研究生更是获得了近 100%的利润，这也是她在股市中的第一次赚钱。后来她在她同学的怂恿下，买入了招商轮船（601872）这只大盘股，从此成了上市公司的一名“套牢股东”，估计在重庆路桥上赚的钱全部吐出去了吧，但愿她的本金没有受到伤害。

从事股票投资多年，我对中国人的“追涨杀跌”深有感触。当股票下跌的时候，普通散户卖出的远远多于买入的；当股票上涨的时候，普通散户买入的又远远多于卖出的，散户的这种行为正中主力的圈套。所以我想说在中国股市中，散户是任人宰割的羔羊是由这个群体的本质特性决定的，中国普通散户的不成熟、不理智等行为是大家有目共睹的现象。

记得在上证指数站上 3000 点的时候，我身边的朋友开始咨询我买股票事宜，我经常反问这些朋友，“为什么你们不在 2000 点、1000 点的时候问我这个问题呢？”他们的回答是，“现在大家都在赚钱”。记得上证指数在 1000 点附近时，我极力鼓动他们，却没有一个人能听进去我说的话，反而是嘲笑我，说我亏惨了，需要他们来解救。真有点可笑，好像我亏的钱是他们赚的，这也是我经常在证券交易大厅里面遇到的一种现象，一些老大妈炒股时生怕别人知道她买了什么股，因为这些老大妈持有的股票可能就来自于内部消息，让陌生人知道了，就好像让别人赚了自己的钱似的。她们也不想想，中国股民千千万万，一个散户交易大厅中素不相识的股民即使知道了又能怎么样，真是有些滑稽。

现在回想起来，能在中国股市长期低迷时坚持下来，并且鼓动朋友把闲钱放在股市中，需要多大的勇气呀！因为真正在股市极度低迷时，基本上没人再愿意谈起股票，或许只有我这种人偶尔还能在朋友面前阿 Q 一回。反正我生活也不用股市这个钱，就当它不存在，留给下一代，到时下一代能取多少就是多少。人活一辈子，活的是一个过程，只要过程丰富了，结果也就不重要了。

我经常劝说朋友们的理由是中国股市不可能就这样跌下去（除非政府倒台，如果真发生这种极端事件，我估计钱也没有用了）。任何事物都有高潮和低谷，价格围绕价值波动是经济学不变的规律，并且即使暂时被套上，只要不是急用的钱，我相信几年后的回报率一定不比存银行差，最坏的情况就算血本无归，也为中国资本市场的发展作出了一点贡献吧，也不枉做一回爱国的中国人。但真正股市到最低迷的时候，恐怕没有几个散户有勇气进入证券市场的，包括我自己都可能没有信心再往股市里面投入真金白银，真是"说者易，做者难"，由此我也很能理解在股市低迷时我身边朋友们对我的讥讽与嘲笑。

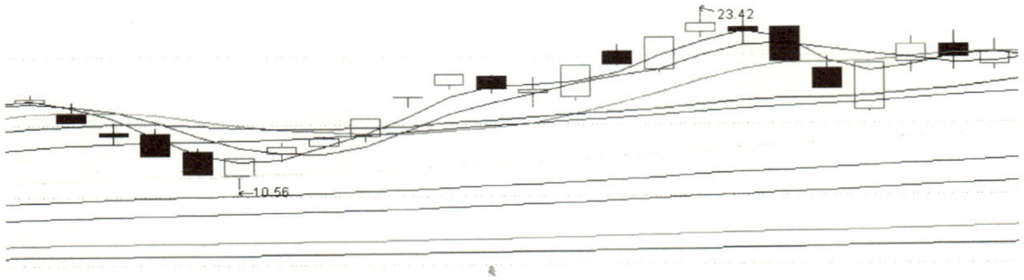

600106在2007年5月29日–6月29日的日K线图

第8章　痛并快乐

从重庆路桥中出来，我又开始寻找下一个目标，筛选了许多股票，最后选定了莫高股份(600543)。理由主要有两点，一是莫高股份是一家生产红酒的公司，公司为中国和甘肃省农业产业化重点龙头企业，葡萄种植基地位于河西走廊，借着河西走廊葡萄种植区光照强、温差大、无污染及与法国波尔多相媲美的得天独厚的自然生态条件优势，莫高股份占尽河西走廊地利之便，它生产出来的高端葡萄酒品质优良，享有“红酒中的国酒”美誉；二是随着中国人生活品质的不断提高，红酒可能会在不久的将来代替白酒(据研究表明红酒的保健作用明显高于白酒)。由于莫高公司的葡萄酒产量有限，地位仅处于中国葡萄酒生产企业的第二集团军之列，股票价格只有 12 元，于是我在此价格附近重仓买入了它。

自从我买入它后，它就一直在我买入的价格附近震荡，由于我坚信它的未来，所以有点利润时，我都不为所动，准备多持有一段时间。没想到上证指数在 2007 年 10 月 16 日达到历史高点 6124 点时就开始掉头向下，并且一去不复返。我持有的莫高股份在 2007 年 11 月 12 日创下了 8.50 元的低价，持股 3 个多月，最大亏损超过 30%，但对于这个亏损我并没有过多在意。反而是在我买入它不久，我就极力劝说我姐夫和我岳父买，也许是经常在他们耳边唠叨，慢慢地他们就接受了我的观点。于是他们就在 11 元附近买进了，结果他们也同我一起被套其中，对他们同我一样的遭遇，当时我心里还有些过意不去，毕竟我的鼓吹起了推波助澜的作用。2007 年 11 月 26 日，莫高股份冲高到 10.90 元附近，我姐夫亏了点手续费就出来了，当他给我说起这事，我对他的谨慎行为还数落了一番，因为我比他买的价格高，比他买得多，我都不怕，他怕什么，姐夫也太小心了点吧。

记得在这年的国庆节期间，我们几个在重庆工作的大学同学小聚了一次，有个同学说他老婆在炒股票，我说现在大盘在高位了，一定要小心，建议他们关注莫高股份这只股票。当然我也详细说了看好它的理由，并且我被套其中，估计也就是这样说说而已，他们并没有在意我的说辞。2007 年 12 月 21 日（星期五），当莫高股份到达 13 元附近时，我也全部出来了，主要是因为它已经横盘了一周，并且此时大盘不好。我出来后，它继续在我卖出的价格附近整理了 3 天，12 月 27 日就开始上涨 3.41%，12 月 28 日和 1 月 2 日连续 2 天涨停，然后就一路震荡上行，到 2008 年 2 月 20 日达到了 22.90 元的高价。我又错过了一次赚钱的机会，反观我岳父，他一直持股到 20 元以上才卖，赚了不少钱。

现在想，为什么我这么看好的股票持股 4 个多月，在最低点时都很有信心，刚解套就急于脱手呢？或许是受大盘的影响，或许是曾经的账面大幅亏损害怕了，或许是我姐夫的提前出局……三个人都买入了同一只股票，命运却迥然不同，我这个最早发现“金矿”的人，成了他们的引路之人，“金子”真正见天之日却不见了我的踪影。到现在为止，我和我姐夫仍然认为莫高股份是一只好股票，只可惜它的复权价格远远高于我们当初的买入价，“好马不吃回头草”，估计这辈子就只能欣赏它的辉煌了。

2007 年 7 月 27 日下午，我在 7.70 元附近买入了 1000 股威远生化（600803）。理由是公司大股东换成了新奥控股投资有限公司（实际控制人王玉锁），新奥集团是有名的新能源企业，旗下优质资产多，注入上市公司只是时间问题。28 日，威远生化早盘开盘就被大单封住了涨停，当时我想，这种走势肯定与重组有关，说不定大股东启动了优质资产注入上市公司的行为，我的运气也太好了，可惜只买了1000股。晚上并没有关于它的公告出来，于是我计划如果明天它不直接涨停开盘就将剩下的资金全部买入。7月29日，8.88元开盘，我在开盘几分钟后于8.70元买入，结果它来了个高开低走，收盘在8.46元，跌幅2.42%。8月1日，它又下跌9.22%，由于我后面买入的远远多于1000股，平均下来又套在里面了。多年来，我有个习惯，如果我坚持看好的股票，套上后一般都不会亏损出来，除非我对它没有信心了，反而是不少股票刚解套，我就出来了，估计是因为时间长了，套怕了的缘故。

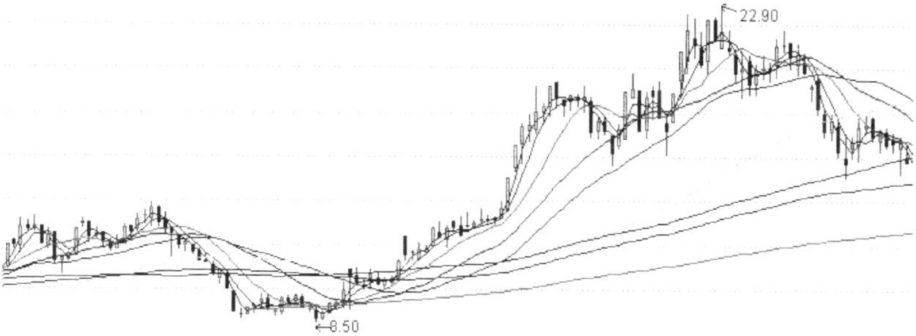

600543在2007年9月–2008年3月的日K线图

我将我买的威远生化这只股票说给了我姐夫，他觉得我说得有道理，就在8元附近进去了。我持股了大约1个月时间，当它的股价回到8.60元附近时，我在基本保本的情况下全部卖了它，我卖后的下一个月，我姐夫在9元附近也卖了，我又做了一次“活雷锋”。我姐夫卖了的第二天（2007年10月10日），威远生化就开始大幅下跌，两波下跌后到达6.15元的低价（2007年10月26日），看到这种走势，我真佩服我姐夫的短线水平（他是典型的技术派），他也庆幸自己出来了。但更让我们没想到事情发生了，它在6.50元附近盘整了几天后，就开始连续两个涨停，接下来就停牌重组。从

2007年11月5日的第一个涨停板算起，连续拉了8个涨停板达到13.99元的价格，然后又开始震荡走高，最后达到了17.60元的高价，用时4个月的时间股价就翻了近3倍。我和姐夫都只成了匆匆过客，与丰厚利润擦肩而过，即可恨又可气。

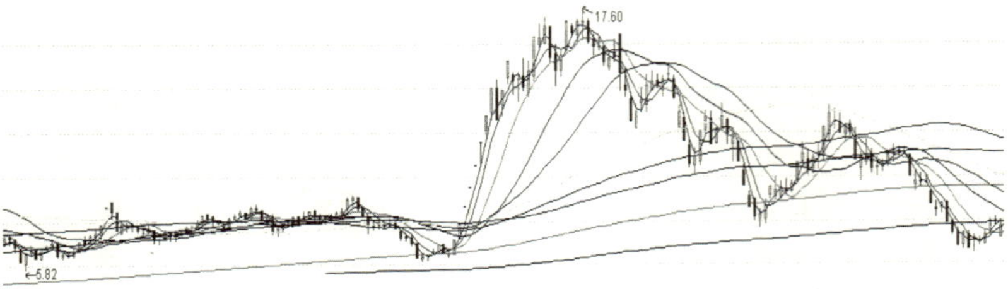

600803在2007年7月–2008年6月的日K线图

2007年8月，我曾经在60元附近全仓买入中孚实业(600595)，主要是它有个10送10的题材。我估计它在除权前应该有个行情，想来个快进快出，可是当我进去了，我才真正体会到什么是“高处不胜寒”，因为它的价格太高了，让我无时无刻地不担心害怕，几天过后我就在65元左右全部清仓了，出来后突然一下感觉轻松多了。虽然我出来后不久，它在大盘的上涨过程中创下了75.60元的高价，我也没有一丝的后悔。通过这次的买卖，我深刻地体会到了高价股对于我这种没钱的小散户是如此的不适宜和恐怖，从此我对高价股退避三舍，或许它将成为我股票生涯中操盘价最高的一只股票。

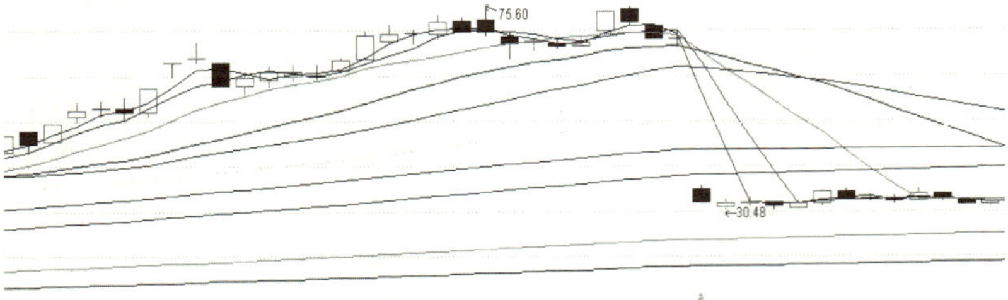

600595在2007年8月–9月的日K线图

说起高价股,我另有一次记忆深刻的事情,那是在 2007 年 12 月,我到一个亲戚家玩,我这个亲戚退休后开始炒股票,但股龄仅 2 年, 她让我帮忙分析一下她买的股票, 当她说她买了中国平安(601318)这只股票时,着实把我吓了一跳,因为当时中国平安的股价在 120 元附近,我说:“你为什么买这么高价格的股票呢?”她回答说:“中国平安从 149 元跌下来的, 并且股评人士都说中国平安是一只好股票。”听了她的话,我真不知道怎么回答她,最后我强烈建议她赶快把中国平安卖了,主要原因是它的盘子大、价格高,大盘现在又在高位。同时,我建议出来后最好是休息一段时间,如果一定要操作,我认为也要买盘子小、股价在 10 元左右的股票,如德赛电池这种股票。多年来,我也没有同她联系过,不知道她是否从中国平安这只股票上出来了,否则就万劫不复了,因为中国平安在 2008 年大盘最低时创下了 19.90 元的低价,到 2012 年 8 月,它的股价也只有 40 元。

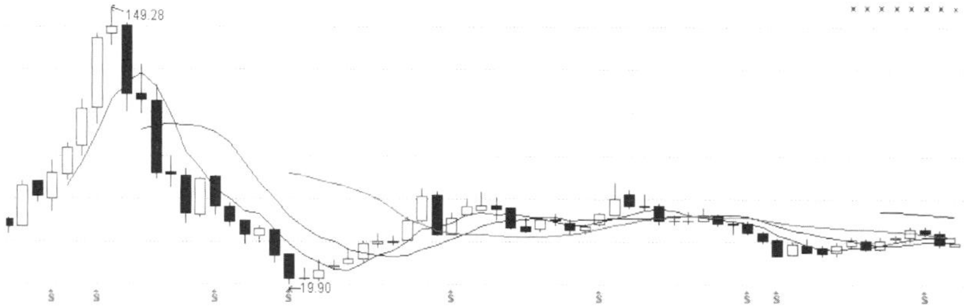

601318 在 2007–2012 年的月 K 线图

2009 年 6 月,我弟媳妇要证明她炒股比我弟弟优秀,就又投入了一部分钱到股市中,由我弟媳妇亲自操刀,当时在选择买什么股票时,筛选了 2 只备选股票出来,一只是价格在 20 元附近的五粮液(000858),一只是价格在 10 元附近的中孚实业。在二选一的情况下,她选择了五粮液,结果却是五粮液在两个月的时间最高价仅 25.50 元,而中孚实业最高价达到了 27.60 元。看到这样的结果,她肠子都悔青了，最后五粮液也并没有卖在最高点，大概赢利10%就出来了，出来后买入的多只股票都是赚了点钱没卖，亏钱却卖了。从此，她金盆洗手，退出江湖，于2009年10月正式将账户移交给我帮忙打理。

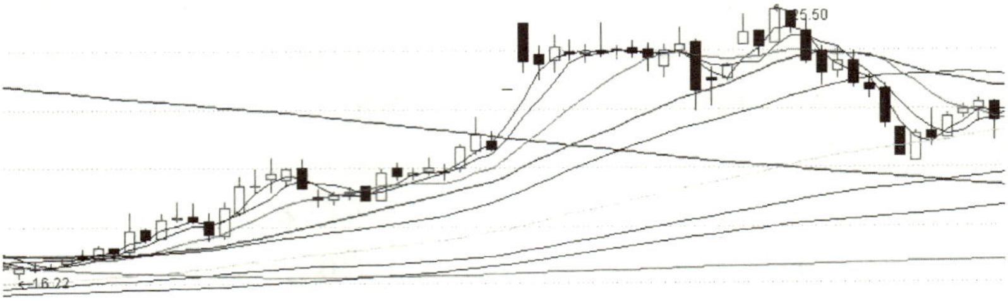

000858在2009年6月–8月的日K线图

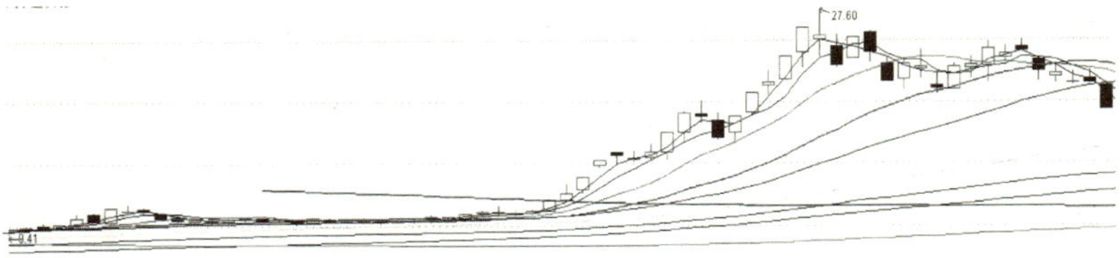

600595在2009年6月–8月的日K线图

自从2007年10月大盘创下历史新高以来，虽然大盘开始持续下跌，但个股仍然非常活跃，因为指数新高的贡献主要是来源于大盘指标股，由于我对大盘股历来都十分敬畏、敬而远之，这个观念也导致了我在2005~2007年历史罕见的大牛市中没有赚到多少钱（据了解，在这次大牛市行情中，账户资金翻10倍的人也不是少数）。我选股的重点主要放在了在这波行情中涨幅比较小的小盘股上，我想它们应该有个补涨行情，即使大盘下跌，这些没涨的股票也不会跌去多少。

德赛电池（000049）就是我中意的一只潜力股。德赛电池，原名深万山，深圳本地股，是历史上非常活跃的一只股票。德赛集团重组后，并没有急于开展资产注入行动，因此股价也没有怎么好好表现过。既然大股东已经更替，做大做强上市公司是肯定无疑的，即使大盘下跌，我估计它的风险也不大，因为它的价格只有10多元。我在11元附近买入，不久它就涨到了14.77元，我没有卖，结果它随着大盘的下跌回到了10元附近。这时候，我比较了它同旭飞投资（000526）的优劣，它们都有重组预期，但旭飞投资的价格更低一些（9元附近），于是我就将德赛电池全部换成了旭飞投资。买入德赛电池赚钱没卖，亏了近10%卖了，在我卖出后不久，我岳父进去了一下，没几天也是亏了点手续费出来了。通过这次的换股经历，我总结出了这样一个思路，如果一只股票大股东已经更替，而另一只股票大股东的变化还处在预期中，前者的风险可能更小、希望可能更大。

为什么我出来后，仍然要坚持持股？一是我持有的股票在这次大牛市行情中没有怎么表现；二是我想上证指数回调到3000点肯定有个反弹行情。当时估计上证指数最多回调到2500点，后来的结果却让我和所有的投资者大跌眼镜，大盘的下跌没完没了，“倾巢之下，岂有完卵”，所有个股都没能幸免，许多个股最后跌到都只有3、4元的价格。当上证指数跌到1664点时，德赛电池最低价格是3.92元，我持有的旭飞投资是2.78元。我的账户资产也从2007年最高时的75万元跌到了2008年最低时的10万元，在证券市场上忙活了1年多，结果从起点又回到了起点。

德赛电池从2008年的最低点开始就一路上涨，到2012年达到最高价39.68元。德赛电池有如此好的表现得益于大股东的资产注入兑现，业绩大幅增长，记得我介入的2007年它的业绩还处于亏损边缘。我持有的旭飞投资被深套，我也就没有管它了，“死马当活马医”吧！2009年2月，当旭飞投资涨到6元多时，我亏损30%全部卖出换成了其他股。

同样，2007年的时候，我在8.50附近帮一个朋友买入的旭飞投资，持股1年多，当它涨到14元时(2009年8月24日)，我打电话让他卖了。他居然连自己的账号和密码都不知道了，他也不知道怎么找回，我叫他拿上身份证到证券公司去办理就可以了。当天他卖了旭飞投资后给我挂了个电话，问我又买什么股票，我推荐了ST惠天(000692)这只股票，当天它的收盘价在5.55元。

我的这位朋友是一个新股民，对股市一窍不通，只是当上证指数涨到6000点时才想起投资股票，由于我在股市的时间比较长，所以就咨询我买什么股。当时我极力劝阻他股市风险非常大了，不要进股市，他却不信，一定要拿5万块钱到股市里玩玩，鉴于他的执著，我又担心他乱买股票，比如中石油这样的股票，我就大胆地帮他以比我低的价格买入了旭飞投资这只股票。买完后我告诉他不用管了，等3年后再来看，他倒真的听进去了。后来，当旭飞投资跌到5元时，我同他通了一次电话，毕竟是我操作的，有些过意不去，打电话的目的主要是安慰他，他说他从来没有看，也不知道现在多少价格了。因为他是一个单位的局长，估计工作非常忙，没时间关心这5万块钱的事。他的这种不管不问的行为最终让他尝到了甜头，但现在我却开始担心起来，因为在股市的一次赢利或许会带来更大的亏损。

后来我也不知道他是否买入了我推荐的股票，因为从2008年后，我们就不在一个城市工作了，也就没怎么联系。如果他听进了我的建议并且继续不管不问地放上一段时间，肯定能赚钱，因为ST惠天在2010年取消ST的过程中上演了一段上涨行情，最高价达到了9.70元。如果他持股的时间更长，那就又是另一种结局了，因为到2012年8月时，惠天热电的价格仅有4元多。因此，投资股市的资金具有很强的时效性，赚与不赚同截取的波段或者持有的时间段有很大的相关性。

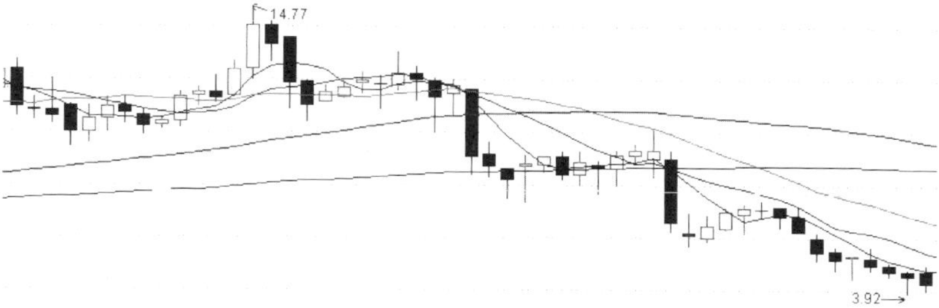

000049 在 2007 年 10 月–2008 年 9 月的日 K 线图

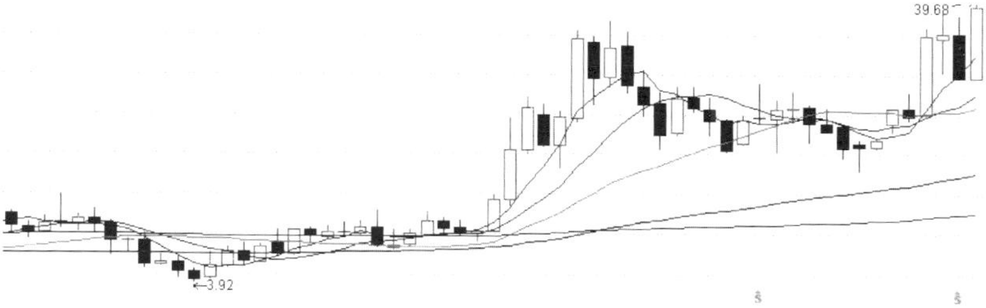

000049 在 2007 年 10 月–2012 年 8 月的月 K 线图

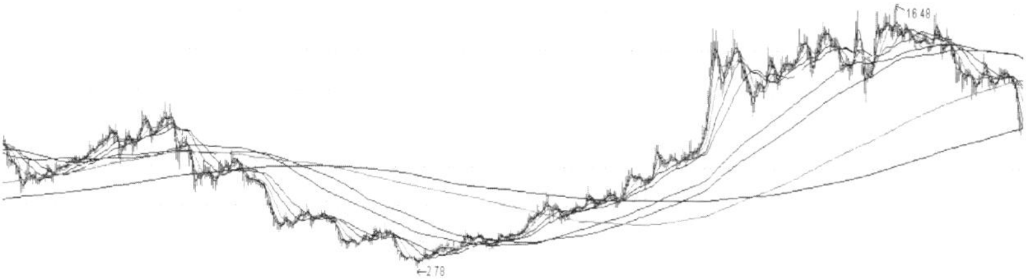

000526 在 2007 年 10 月–2010 年 6 月的日 K 线图

000692 在 2009 年 8 月–2010 年 4 月的日 K 线图

高淳陶瓷(600562)是我关注多年的一只股票,因为它的股本不到1个亿。另外的一个重要原因是我在2006年持有的玉源股份同它属于同一个行业(A股中总共仅4只陶瓷生产企业),这个行业不景气让我对它的重组预期极其强烈。它自从上市以来就从来没有表现过,难道南京市国资委会长期让它放任自流、不管不问?近些年来,由国资委主导的重组事宜在A股市场上屡见不鲜,因此我判断重组是肯定的,只是不知道时间而已。

正式停牌前,长达半年的时间中,大部分时间它的换手率在5%左右的事实并没有引起我的注意,而是"股吧"里面的重组传言让我感觉它可能要变天了。由于"股吧"里面的消息鱼龙混杂、真假难辨,我无法说服我买入它。2009年4月20日,开盘几分钟的快速涨停让我感觉到了"股吧"里面所说消息的真实性,因为它迅雷不及掩耳的上涨态势让我惊醒,当天晚上果然公告停牌重组。1个月后开盘出来连续拉了10个涨停,可想主力之强悍,最后达到了57.85的历史高价。虽然后来它的重组几经波折(重组消息提前泄露,知情人大肆买入),但最终还是在2012年正式通过了证监会的审批,这就是中国特色的证券市场,"不死鸟"现象普遍存在,只要你有足够的时间和耐心,大多数时候都会"柳暗花明又一村"。

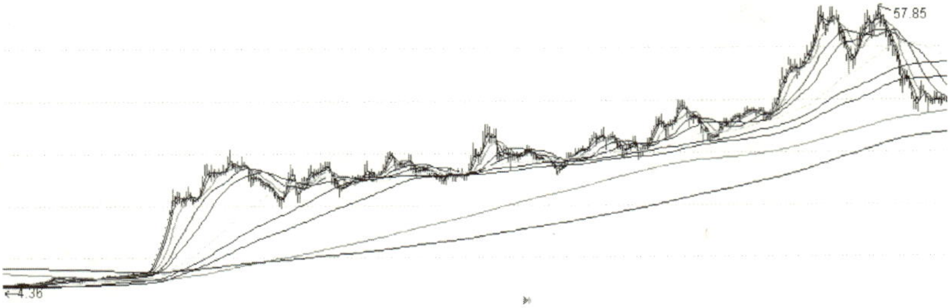

600562在2009-2010年的日K线图

恒逸石化(000703),原名世纪光华。进入我自选股的主要原因是股本小,前十大股东中的名字特殊,有投资公司、烟草公司等,重组的预期强烈。2009 年 8 月，我在 8 元附近买入了 1000 股，持股一段时间，赚了点小钱就出来了。我出来不久，我姐夫开始买进去，并且鼓动他妹夫也进去了，看到他们都持有它，我又开始心动了。可是它的价格始终在我的卖出价格以上震荡，虽然在 2009 年 12 月的时候它又跌到了 8 元多，但也在我第一次的买入价格之上，于是我想再等等，希望它能跌回到 8 元以内的价格，但它始终在 9 元附近震荡。不久它就出了一个年报预亏公告，两年亏损，年报出来后戴上 ST 毋庸置疑，这就彻底打消了我买入的决心。2010 年 1 月 9 日，它出了一个重组停牌公告，让我后悔了，而我的姐夫他们享受到了这次愉快的短期暴利过程。停牌 1 个月后，从 2010 年 2 月 11 日起，它连续拉了 7 个涨停板，看着他们的兴奋劲我一时间不知道是失落还是高兴。我姐夫是在第 5 个涨停板出现换手率 15%以上时卖出的（当天收盘时换手率达 21.05%），而他妹夫是在第 7 个涨停板时才卖出，他妹夫的这次完胜也全部补回了 2007 年高点入市以来的所有亏损。

同我姐夫一起讨论股票多年，基本上都是我从基本面的角度筛选出股票来，他们跟着我后面进出，我这个先行者却从来没有享受到连续坐轿子的快乐，反而他们在世纪光华上享受到了。我姐夫是一个大好人，经常将我的研究成果告诉他的同事们，以至于他的同事非常佩服他，其实他的背后是因为有我这个“高参”的存在，可是为什么我却赚不了大钱呢？总结原因，可能与自己把握的时机不准和不能保持良好的心态有很大的关系，每次我都是急先锋似的早早地埋伏在里面，在时间的煎熬和股价的大幅震荡下，信心就这样一点点慢慢地消失了，最后不得不忍痛割爱、失之交臂。但愿有生之年我能享受到这样一次在短时间内不用天天提心吊胆的好日子。

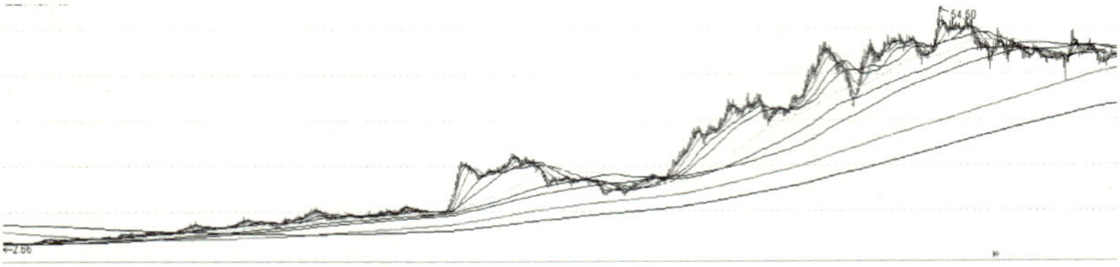

000703在2009-2011年的日K线图

梅花集团(600873),原名五洲明珠。进入我的视野是它在2007年9月4~10日,连续上涨5天,每天换手率在20%附近,几天换手就达到了100%。当我将这只股票的情况说给我姐夫时,他用技术分析说这是一只好股票,只要能坚持拿上它几年,肯定会发大财。我一贯对技术分析不感冒,因此,也没把他的话放在心上。

我没有买它的原因是因为当时我发现它连续均匀高换手率时,它的价格在10元以上,后来,虽然在2008年大盘暴跌的过程中,它创下了3.20元的低价,我也爱莫能助,因为此时的我已经套在了旭飞投资这只股票上。记得当时,我姐夫还说过可以将旭飞投资换成五洲明珠,因为他说五洲明珠前期出现过高换手,现在又挖坑成功,这个股票会成为大牛股。但当时我坚信旭飞投资也不错,结果我错了,旭飞投资与它相比,简直是小巫见大巫,不值一提。五洲明珠在2009年3月26日出现第一个涨停板后就开始了一个月的停牌重组,4月29日出来时连续拉出了7个涨停板,两年后创下了48.16元的历史高价。现在它的流通股本高达16亿之多,中国证券市场又一只重组后从小股本变大股本的上市公司,股价暴涨的神化最终在股本的稀释下而变成了没落一族。

分析在中国证券市场上的股票成长历程,它们的生死都是千篇一律的生态链,即低价小盘股→无人问津→朦胧重组题材→股价放量上涨→重组搁浅→下跌洗盘→无量整理→重组成功→股价快速上涨→震荡盘升→股本扩张→股价成倍稀释→低价大盘股,最后都是一样的结局——死翘翘。

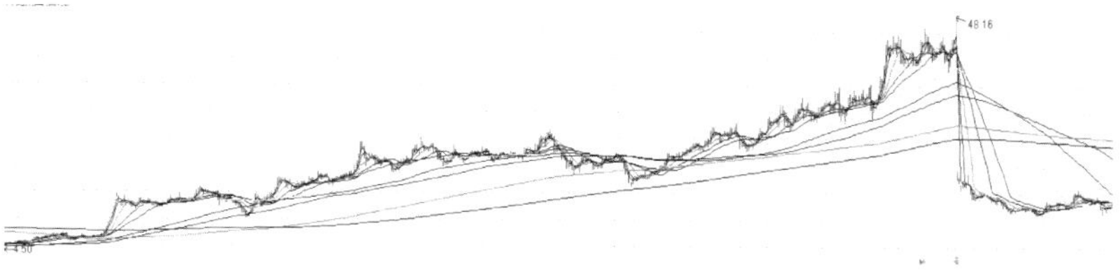

600873 在 2009-2011 年的日 K 线图

*ST 领先(000669),多年来我一直关注的一只股票,主要原因是股本小。长期以来业绩亏损的它居然现在还存活在这个市场中,并且在 2012 年上证指数跌到 2000 点时,它的股价仍然维持在 28 元附近的高价,实属一个奇迹。它的许多难兄难弟都已经脱胎换骨了,它却仍然戴着 ST 的帽子,或许接下来它也将重新步入“正规部队”的行列,因为最新公开资料显示前十大股东中有多只基金入住。估计这些不拿基民的钱当一回事的基金经理们只能抱团取暖了,但愿它的基本面能尽快有实质性改观,否则这些基金经理们就只有崩溃“跳楼”了。目前,它也只有一条路可走,即重组成功→调节利润→送股除权→主力出货。不管它怎样表演,我是肯定不会进去了,欣赏一下它是否会尽善尽美地完成表演倒也不错。

说到选择 ST 股或者非 ST 股,我有个基本原则,即大盘向好时,我尽量不买 ST,大盘不好时,有时候我就买入 ST。买入并持有 ST 的原因有两个方面,一是大盘不好时可能会炒作 ST;二是即使所有股票都下跌,ST 股每天也只能跌 5%。

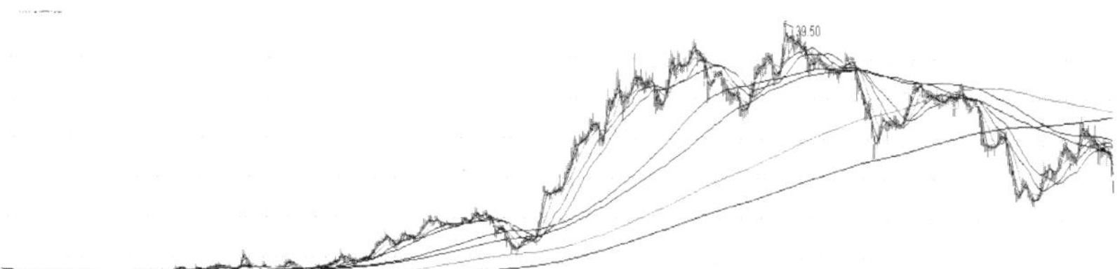

000669 在 2009-2011 年的日 K 线图

盛屯矿业(600711),原名雄震集团。它也是我关注至少10年以上的一只股票,记得很多年前我也参与过它的买卖,但都属于小打小闹,收获也是不痛不痒。自从它的重组消息出来后就真真假假、虚虚实实,以至于打消了我继续同它玩的念头。多年来,在大股东的折腾下终于赢来了一片艳阳天,公司主业转型为矿业开采加工,这个行业是目前A股市场上最热门的题材,涉"矿"必涨成了不败的神话,以至于许多业绩低劣的上市公司想方设法收购、注入矿业资产。由于盛屯矿业正式成为了有色资源类的一员,它的股价表现不错,2007年曾经创下31.33元的历史高价,到了2012年,它的复权价也高居在20元以上,辛苦了一路持有的投资者,终于可以舒缓一口气了。但对于它的未来,我着实不敢恭维,或许涉矿除权仅是为了主力出货,但愿它不是我猜想的那样,真正能在资本市场上有一番作为。

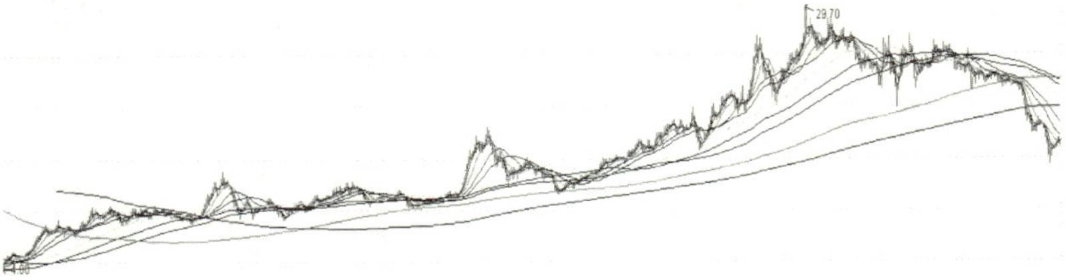

600711在2009-2011年的日K线图

大连圣亚(600593),也是我多年来长期关注的一只股票。主要原因是股本小(9200万),大连地域特殊,行业也还算不错。2002年,它上市以来,就没有进行过股本扩张,十多年来,它的股价也没有超过上市时的21.24元,作为潜在标的还不算太差。目前的价格在12元附近(2012年8月),有些偏高,虽然大股东从事旅游开发,但几年来也没见到什么效益,深藏其中的主力好像实力也不行。如果它的股价能跌到8元以下,或许我将考虑持有它,因此,现在只能慢慢看、慢慢等了。

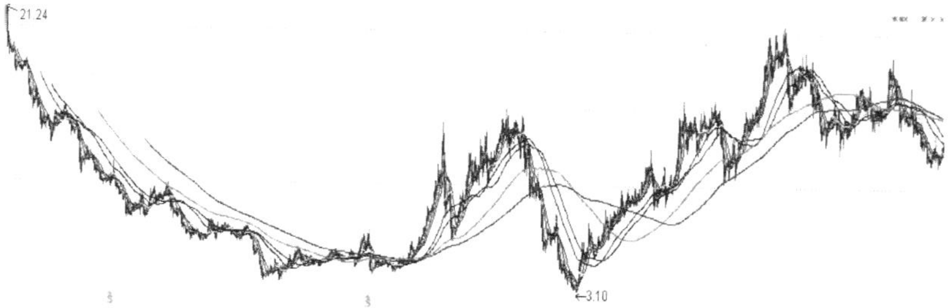

600593 在 2002–2012 年的日 K 线图

旭光股份(600353),它是一家主要从事发射管、真空开关管、高低压配电成套装置及电器元件和消防安全产品的公司。2002 年上市的时候它是四川一家国有控股公司,2007 年开始进行股权转让事宜,大股东的变更预期是我买入的重要原因。2007 年,我在 9 元附近买入后没拿多久,赚了 10%就出来了。2008 年,大股东正式将部分股权转让给了广东新的集团有限公司退居为第二大股东,虽然它的股价在 2008 年的大跌过程中创下了 3.75 元的低价,但在新的大股东经营下,公司业绩开始改观,股价也慢慢上涨。2011 年,它在高送转预期下股价创下了上市以来的新高,达到了 20.41 元的价格。

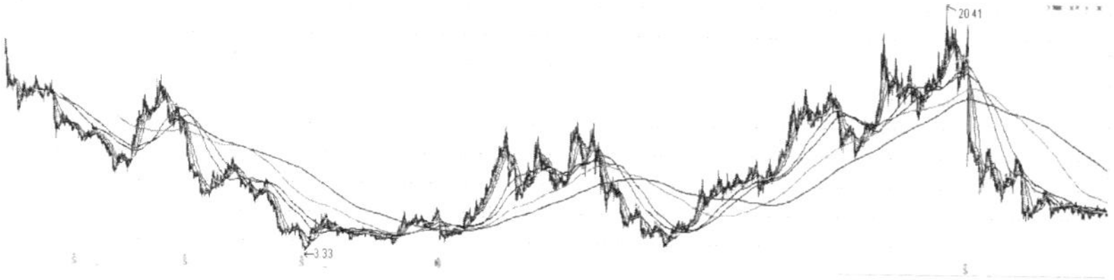

600353 在 2002–2012 年的日 K 线图

海印股份(000861),我买入的主要原因是公司的高岭土资源,但我买入后只赚了 10%就出来了,没想到它在 2007 年走势非常稳健,2008 年 1 月创下了 25 元的高价。因此,我认为如果看好一只股票，特别是大盘的系统性风险小的情况下，一定需要坚持持股一段时间，才能获取更大的收益。

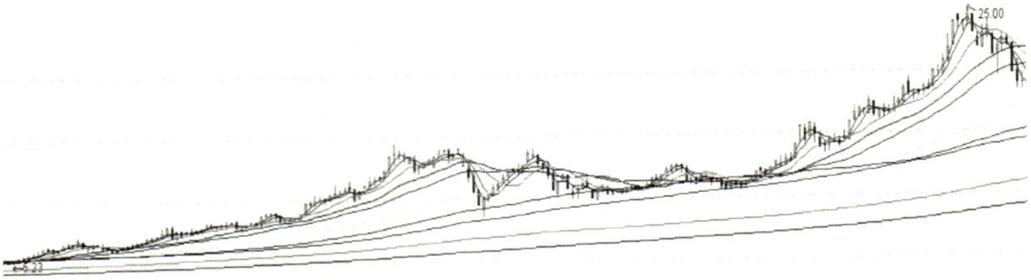

000861 在 2007 年 1 月–2008 年 1 月的日 K 线图

弘业股份（600128），吸引我眼球的是公司的艺术品投资。俗话说，“盛世的古董，乱世的黄金”，2005~2007 年是中国资本市场难得的盛世，另外，它具有期货概念。于是我在 14 元附近买入，结果发现它每天的震荡都比较大，当时由于我的工作性质决定了不可能天天守在电脑前面，于是只在它上面待了两天没赚到钱就出来了，结果后来发现它是一路震荡走高，在 2008 年 3 月创下了 33.97 元的高价。

当我工作发生重大变故后，我重新将它纳入到了我的自选股中，因为现在我的时间相对宽松了，特别是放假阶段，但由于它的绝对价格不低（很少下 10 元），以至于我迟迟没有动手。2011 年年初，在公司艺术品收藏的炒作题材中，它是大放光芒，短短两个月时间股价翻倍，达到了 20 元的价格。通过对它近几年的观察，我发现不管是短线波断操作还是中线持股不动，它都是不错的标的，如果机会合适，我想我一定会在它上面操作几次。

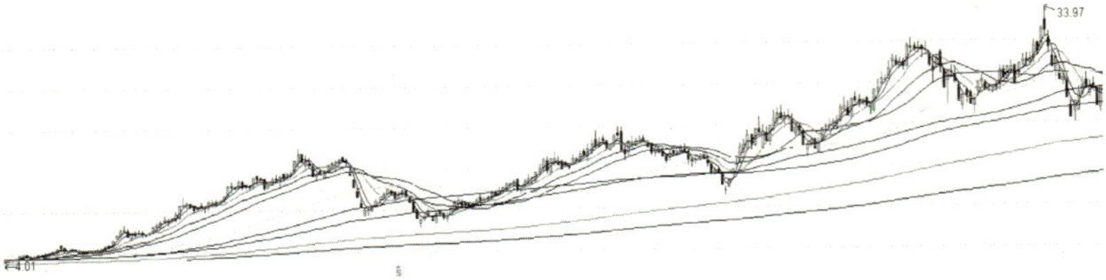

600128 在 2007 年 1 月–2008 年 3 月的日 K 线图

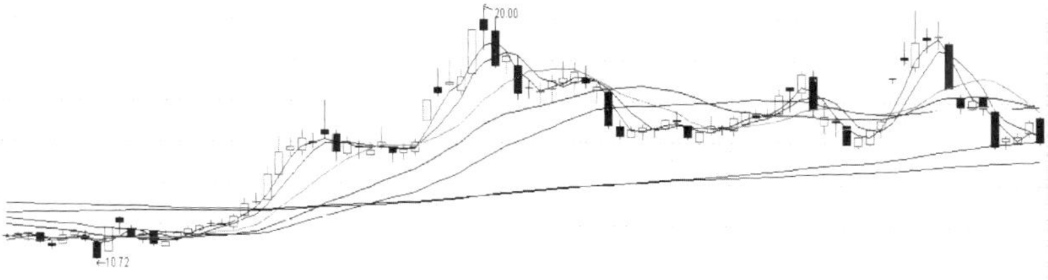

600128 在 2011 年 1 月--2011 年 5 月的日 K 线图

第9章　大胆尝试

2008年年底，股市在4万亿投资政策影响下开始探底回升，我重新开始重视起股市来，大胆地在股票上进行了多次操作。

2008年11月，我操作了一下万向德隆(600371)。准确时间是11月25日，我在10元附近买入了1000股，当天它的收盘价9.69元。我有个习惯，不管是短线操作还是长线持有一只股票，都会在买入前仔细分析一下它的基本面及找到说服自己的理由。万向德隆是黑龙江专门经营包装种子、化肥零售、农产品及其精深加工产品等的公司，属于农业板块。近年来中央的一号文件都是关于"三农"问题，因此，我想它在年底到年初这段时间肯定有一波行情。但我当天进去就被套了，于是就开始怀疑自己的理由是否成立，因为它的价格不算便宜(大盘点位低，便宜的股票很多)。没过几天，它就涨到了11元以上，我想反正赚钱了，于是我就在11元附近卖了，想先出来一下等跌下来再买进。后来随着大盘的下跌，它确实下跌了，最低价达到9.21元，但我希望能在9元以下买回，所以就没出手，结果随着中央一号文件的出台，它就开始震荡向上了，到2月25日达到14.87元的价格，我失去了一次本已计划好的战果。

通过这次操作，我深深地感受到了短线操作的难度，因为你不知道在什么价格买回合适，有时候你计划好的价格不一定能达到。因为实盘中影响价格的因素太多，并且人的心态总是希望卖出后能以更低的价格买回。当然，这次操作也给了我很好的思考，以至于后来的短线操作中，我不再预设具体买点，而是根据盘面变化临时决定，只要我买入的价格比我卖出的价格低就行，这样能抓住短期的波动，操作一次降低一点持仓成本也是不错的选择，总比坐在电脑前傻乎乎看强。这种操作的前提是我第一次卖出的价格一定是高于买入的价格，否则我认为风险就比较大了，因为你不知道一只股票什么时候开始启动，除非你非常准确地判断了它将继续下跌。如果执行低买高卖的策略，即使它涨上去了，我觉得也没什么损失，最多又重新选股而已。

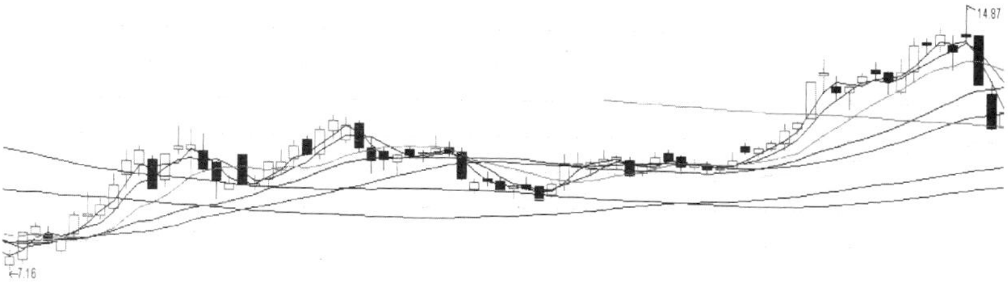

2008 年 11 月–2009 年 2 月 600371 的日 K 线图

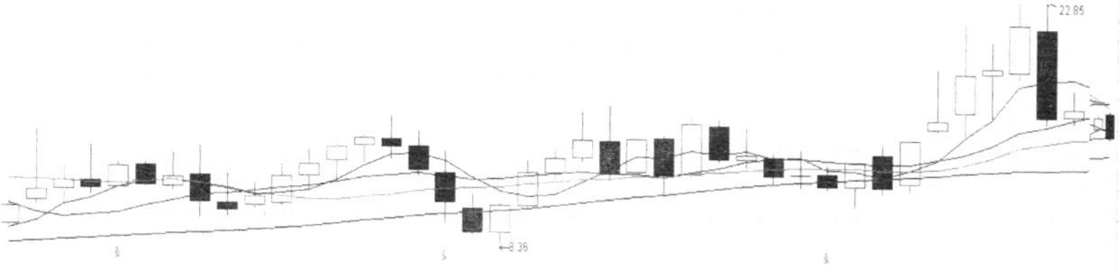

600371 在 2009 年 1 月–2012 年 3 月的月 K 线图

2009 年 1 月，我在 5.30 元附近买入丰华股份(600615)1000 股。丰华股份这只股票很早就进入了我的自选股，因为它是上海本地股，历史上走势非常活跃，并且它取消 ST 的时间是 6 月 15 日，刚好同它的股票代码一致，至于是否属于巧合，我不得而知。从“股吧”里面我了解到公司位于上海证券交易所隔壁，我也不知道这个消息是否属实，我没有考证过。但大股东换成了沿海地产投资(中国)有限公司，总得有所动作吧，这也是它在 2007 年~2008 年走出一波大行情的原因。

记得 2007 年 5 月 25 日，我岳父生日，我们一大家子人在重庆菜根香餐馆包了一桌，吃饭期间，我们谈到股票时（因为这段时间股市行情好，股票是大街小巷人们谈论中必不可少的话题），我高谈阔论了一番，强烈建议关注两只股票，一只是 ST 丰华（它今年取消 ST 是肯定的），一只是重庆路桥。5 月 28 日，我姐夫给我说他买了 ST 丰华，我本也想买它，但我觉得重庆路桥短线更适宜，于是我在 5 月 29 日买了重庆路桥。“5·30”事件让所有股票难逃一劫，ST 丰华连续来了 5 个跌停，6 月 12 日创下 7.94 元的低价后又连续来了 4 个涨停，我姐夫在 ST 丰华上面赚了点小钱就卖了。他卖了后，ST 丰华的股价又回到了 7.60 元的低价，后来在取消 ST 这个题材下开始了长达半年的上升走势，最高价达到 19.70 元。

到了 2009 年，丰华股份的价格又回到了 5 元附近，我想短线操作一次肯定没问题。当我买入后的第三个交易日，它出了一个业绩增长公告，即 2009 年 1 月 21 日，丰华股份刊登预计 2008 年度实现的净利润与去年同期相比增加 2000%以上，业绩上升原因是因为本年度净利润增加的主要原因是冲回对冠生园（集团）有限公司应付款项及转让下属一分公司确认收入等非经常性损益所致。当天的股价由于此消息出现高开低走，本来我只有 1000 股，不想卖，但我在电脑上打开 F10 时，看到的公告中 2000%的数字显为一行末尾 200，下一行首端 0%，或许是赚钱了，想盯着盘面的走势，我看了一眼公告就急忙回到了分时图上，在脑海中就只记得 200，仔细算一下 2009 年丰华股份的业绩每股只有 0.044 元，再结合当天的放量高开低走，我于是就在 5.80 元左右卖了。1 月 23 日，它回调 1 天后，就开始了上涨之旅，连续走出 6 根小阳线后，2 月 10 日开始拉出第一个涨停板，接下来连续拉了 3 个涨停板，达到 10.25 元的价格，短短半个月时间，股价翻了一倍，可想主力之强悍，我却因为心急眼花而错失了一次赚钱的好机会。

600615 在 2007 年 5 月 28 日–12 月 26 日的日 K 线图

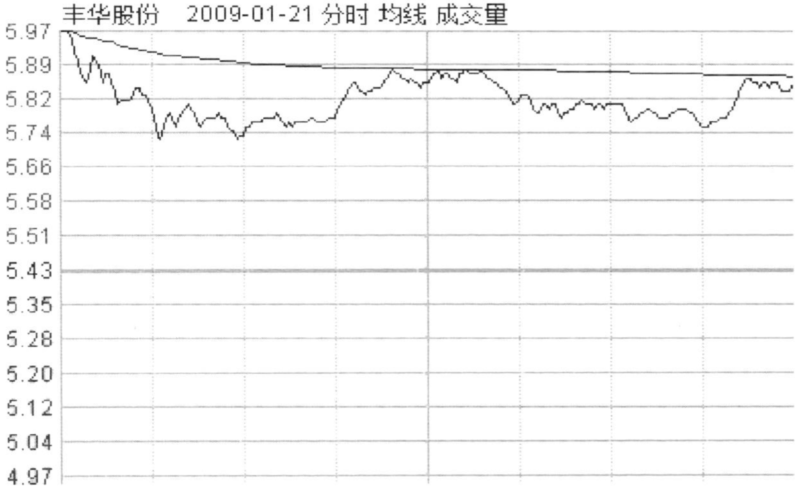

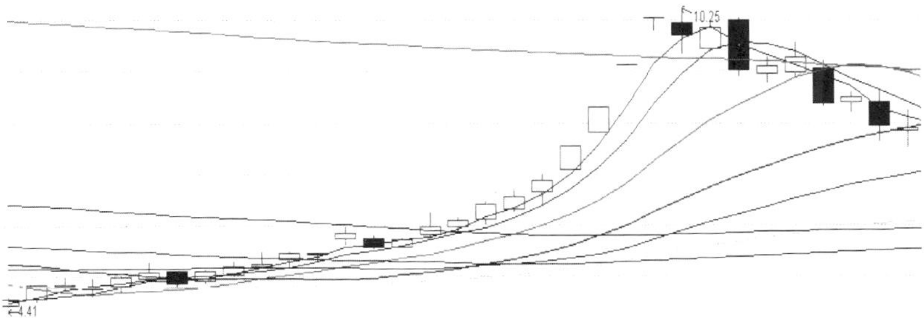

600615 在 2009 年 1 月–2 月的日 K 线图

2009年1月，我在6.0元附近买入大橡塑(600346)10000股。大橡塑也是我多年来关注的一只股票，主要理由是它的实际控制人为大连国资委，公司是国内同行业中规模最大的企业之一，被列为国家大型橡胶塑料机械产品的出口基地；公司拥有先进的数控机床和冷加工设备，并掌握多项关键专利技术，大型造塑机前景广阔。春节过后，2月5日，我到西南大学去查资料，边查资料边看看股市，当我发现大橡塑涨到6.90元时，我毫不犹豫地卖了，主要是觉得它已经涨了4根阳线了，没想到下午它就放量收在了涨停板。

早在2006年，我就注意大橡塑了，因为经常看到它在分时图上出现5000手的跳高买单，但收盘时股价并不上涨许多，我估计是有人在收集筹码。2007年2月16日，也就是春节前最后一个交易日，我全仓买进了它，买入价格在5.60元附近。春节结束后开盘的第一天它上涨了8.17%，第二天又跌了9.36%，第三天又涨停，几天的折腾让我有些受不了，后来它又在7元附近整理了差不多2周时间，我实在受不了这种折磨，就在7元左右卖出了，卖出半个月后，它就开始了一波快速上涨，达到11.70元的价格。

股票真是一件让人难以捉摸的事情，当你进去后，它就不怎么涨了，反复折磨你，当你出来不久，它就开始快速拉高，好像有人知道你在里面，需要你这点筹码似的。两次买入同一只股票，最后收获都不大，不是不能踏进同一条河，而是对走势的把握欠火候，如果一个人能做到在启动前进入，截取最丰盛的那一段利润，我想这种人一定不属于人类定义的范畴，但凡在股市中摸爬滚打的人，最终的出发点肯定是希望自己能锻炼出这种天赋，超脱人类智慧的极限，成为人人敬仰的“股神”。试想，如果一个人每次都能精准地把握住对象和时间切入点，资本效率就会高得出奇，资本复利就会让一个草根很快成为富翁。

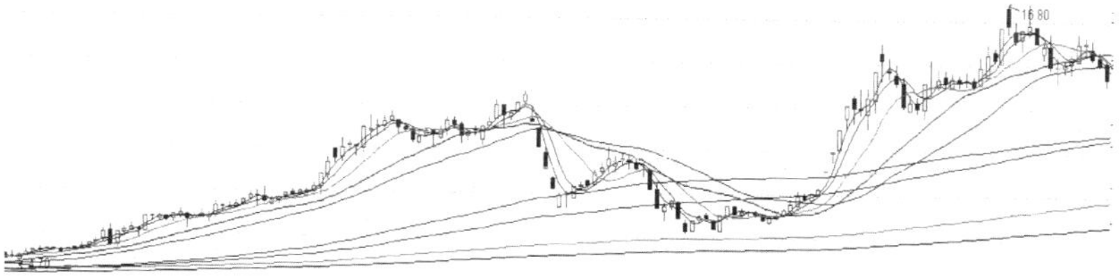

600346 在 2007 年 1 月-9 月的日 K 线图

600346 在 2009 年 1 月-6 月的日 K 线图

2009 年 4 月，我在 9 元附近买入四川双马(000935)，买入的主要理由是世界上最大的水泥生产企业拉法基的入住。当时我买进的时候，它名叫 ST 双马，但它一直在我买入的价格附近震荡整理了好几个月，后来知道它在 2009 年摘帽无望的情况下，我出来了。2010 年 10 月，它才取消 ST，通过它 2 年的日 K 线图(2009-2011)发现它的起伏很明显，如果能长期在这只股票上做波断操作或许也有不错的收益，可惜我坚持不够。

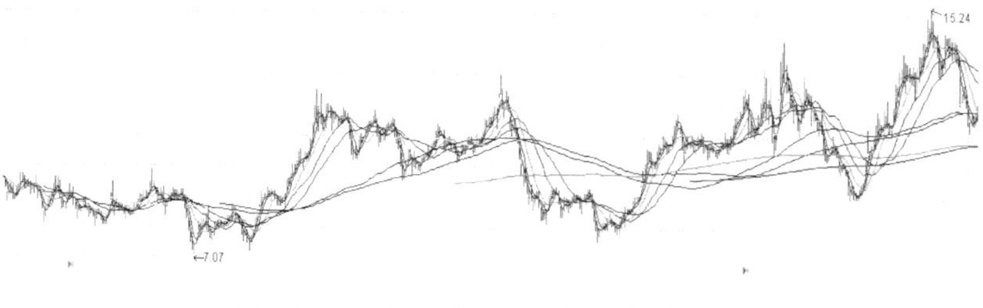

000935 在 2009 年 4 月-2011 年 4 月的日 K 线图

2009年5月，我在8.50元全仓买入重庆港九(600279)。买入的理由是三峡大坝蓄水后，重庆港是内陆最大的港口，公司的寸滩集装箱港也将建成投入使用，另外，它有增发收购重庆境内沿江的其他港口题材。但我进去后近1个月的时间，它始终在我买入的价格附近小幅波动，低的时候在8元附近，高的时候在9元附近，震荡很有规律，看的天数多了，我就产生了一种想做点短线交易的冲动，因为一个人长期坐在电脑面前不产生一点价值觉得很没有意思。于是，我在2009年6月19日，赚了一毛钱就把它全部卖了，希望下周能在低点时又买回，结果晚上它就出来一个停牌增发的公告，这个公告让我郁闷之极难以言表，真是天快亮了尿了一泡尿。还好，我帮朋友操作的那个账户没有卖，最后在第三个涨板价时把朋友的账户卖空了。通过这件事情，我总结出了一个操盘结论，那就是如果在大盘系统性风险不大时，非要做短线，卖出股票的时间一定不能选择周末卖出、周一买回的这种操作方式，因为说不定周末个股就出台利好消息了。

我帮朋友理财有个习惯，朋友的账户一般不进行短线交易，执行卖出都是在我的账户全部清空这个股票时的第二天。或许是因为对朋友账户资金的安全考虑，对于任何一只股票，基本上都是我先进去，如果第二天这只股票涨了，朋友的账户就不再买这只股票了；如果第二天这只股票跌了，朋友的账户就全部买进这只股票。由于有这样的操作思维，朋友账户中的股票一般都会有比我更低的买入价格和更高的卖出价格。这也是我经常对很多不太懂股票的人常常灌输的一种买卖股票理念，因为每个人的性格和爱好不一样，或许有些人就没有时间和精力及兴趣去研究股票，最好的股票操作方式就是同你身边长期在股市中拼杀的那个人交流。当他买入的某只股票深度套牢，并且他对这只股票仍然有十足的信心和充足的理由，为什么我们就不能以比他低很多的价格买进呢？至少他解套、你赚钱，我认为这是一种捷径和有效的投资策略。

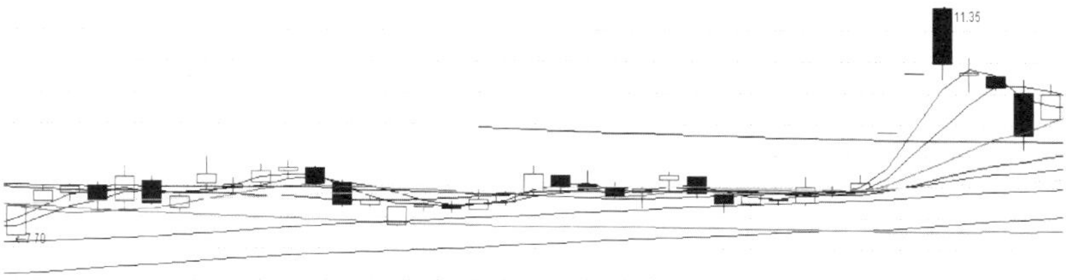

600279 在 2009 年 5 月-7 月的日 K 线图

2009 年 10 月 23 日，华帝股份（002035）进入了我的视野，其最大的理由是它的股价低，才 6 元左右，翻遍所有的家电类股票，从股本和价格上考虑，它都是不二的选择。国家出台了家电下乡补贴政策，家电股肯定会有一波行情，华帝燃气灶在中国市场的占有率也非常不错，我以前家里面的燃气灶、热水器都是华帝牌。于是在 23 日上午，我在 5.92 元挂了买单，或许是我挂单上千手，它始终在 5.93 元的价格以上震荡，本来我可以撤单主动跳高买，不知道什么原因，当时我就舍不得这几分钱，后来的走势证明了我的迂腐。

在买卖操作方面，如果提前埋单时，我喜欢把买单挂在“2”，卖单挂在“8”。23 日它的分时图走势给我的感觉明天可能就能在“2”成交，因此，虽然它收盘时收在了 6.0 元，我也没太在意（技术分析不精通的主观想象）。第二天它跳高 6 分钱开盘，最高价 6.45 元，最低价 6.05 元，收盘在 6.18 元，见此情景，我想我将会失去它。后来的走势让我痛心不已，仅仅为了一分钱的蝇头小利，我错失了一次绝好的赚钱机会，到了 4 月 1 日，它的股价达到了 13.80 元的高价。分析这次的失利，我想主要还是受我骨子里面的“宿命论”观念所害。

自从参加工作以来，我就相信任何事物的发展是按照一定规律进行的，特别是人的成长过程。一个人不管怎样努力都摆脱不了命运的束缚，即使偶尔偏离原先的轨道，也是生命过程中的一次波动，最终它会回归到原先这个既定的方向上前行。当时我没有撤下 5.92 元的挂单，是想检验一下我是否命中有这次赚钱的机会。如果上帝让我有这次改变命运的机会，就一定会让我在5.92元成交，没有成交或许是上帝发现它不会上涨，结果上帝给我开了一个大大的玩笑。通过这次事情，我的操作思路也有些改变了，如果我没有时间盯盘，我就挂盲单，如果有时间看盘和操作，我就根据盘面的具体情况灵活机动地改变策略，其实，多出几分钱对我来说已经没有绝对的概念了，因为多年的股票市场大起大落已经让我养成了不计小利的"大度"和"豪爽"。

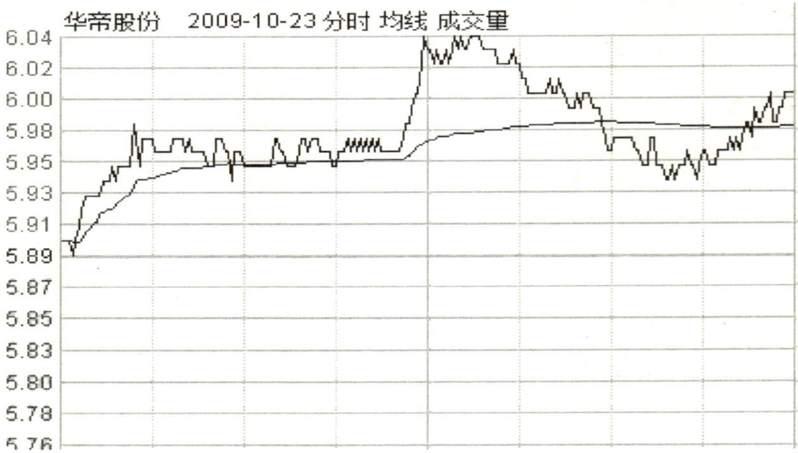

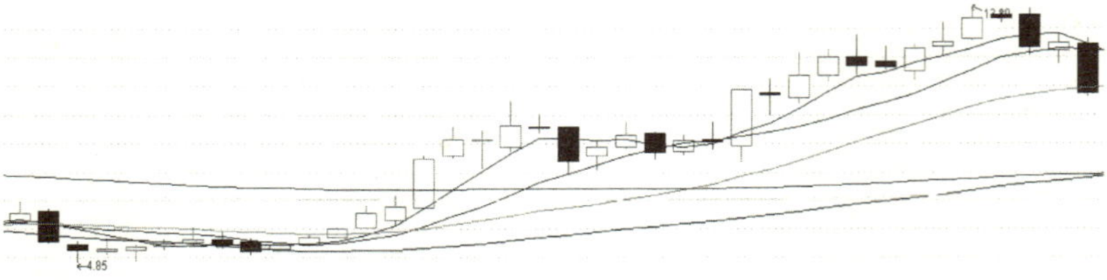

002035 在 2009 年 8 月-2010 年 4 月的周 K 线图

放走了华帝股份，我就把目标放在了西藏药业(600211)上。2009年10月，我在11元附近买入了西藏药业，理由是它的地域特色明显，"藏药"这个概念让我关注了它多年，只是由于它的绝对价格不低而没有下手。这次我是想进去小试一下，结果是刚买入几天，它就涨到了 12 元以上，我在 12.50 元左右卖出了它，赚了 10 多个点，如果不是因为它的绝对价格高，或许我会多持有一段时间。

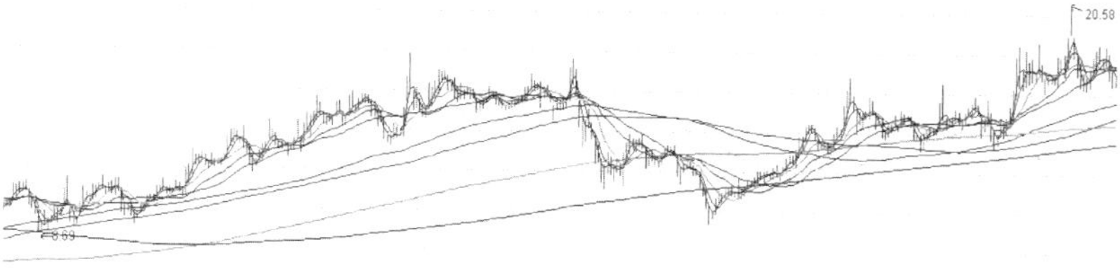

600211 在 2009 年 8 月-2010 年 12 月的日 K 线图

2009 年 12 月，我进入综艺股份（600770），由于它的股本相对较大，所以我进入前就做好了短线炒作的思想准备。综艺股份在历史上是非常活跃的一只股票，公司喜欢紧跟时代的潮流，只要有什么新的概念，在它身上都有传闻。当我进入它没有几天，它就开始上涨，12 月 22 日，盘中冲高，最高涨幅超过 4%，于是我在冲高的过程中卖了它，最后这天收盘时它仅上涨 0.5%，我非常庆幸自己对盘面的感觉，及时兑现了利润。当天晚上，我弟媳妇打电话来直夸我水平高（他们家的账户也是我帮忙操作），我听到这个赞誉之声，津津乐道了一个晚上。可是第二天，它的收盘价涨幅高达 8.78%，前后两天的反差让我是哭笑不得，如果我能在那天冲高回落的收盘前买回来，那才算真正的高水平呢，世事难料呀！

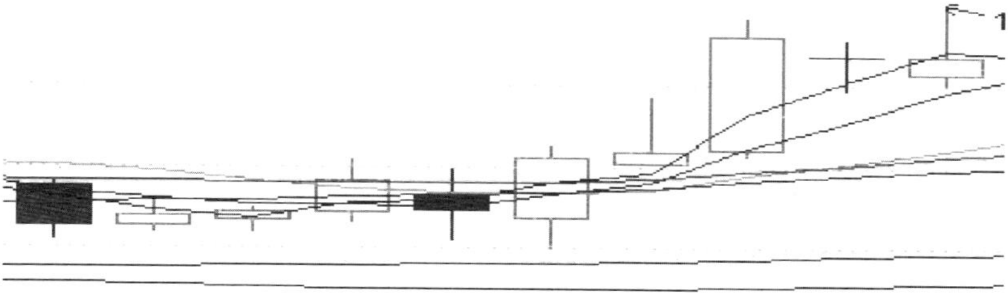

600770 在 2009 年 12 月 14 日-25 日的日 K 线图

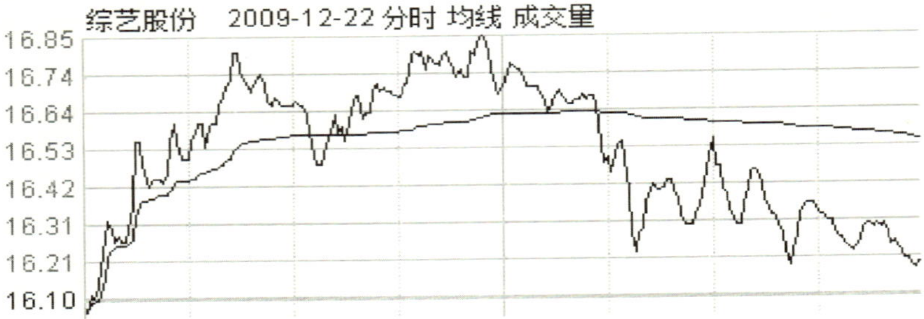

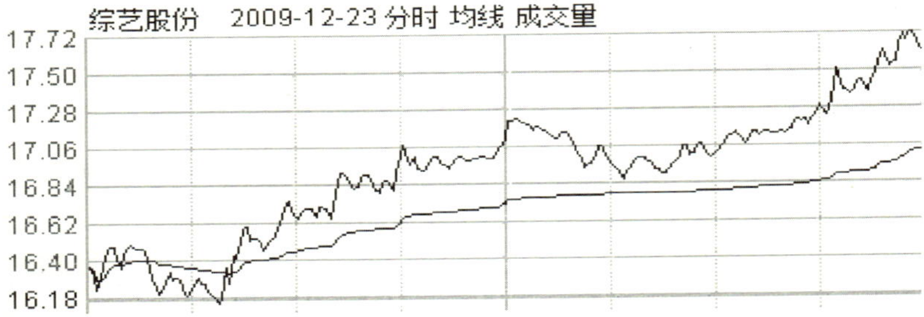

开开实业(600272),我在 2009 年 12 月买过它,买入价格在 9 元附近,当它涨到 10 元时,我卖了,后来虽然经常关注它,但再也没有买过。它的日 K 线图显示不管大盘是在高位还是在低位,它的价格大部分时间都在 7 元以上,并且上下波动明显。从基本面分析有三点值得中长线关注,一是公司的实际控制人为上海市静安区国有资产监督管理委员会,属于上海本地股;二是旗下公司生产的六神丸为国家五大保密级中成药,上海国资委正在加紧其资产重组介入传统中医药产销领域,并逐步向具有高成长性的中西药物、生物医用材料行业发展;三是流通股本不大,仅 1.6 亿,并且还有 0.8 亿 B 股,股性比较活。

2012 年 7 月,在大盘持续下跌的情况下,它居然出现了连续涨停的走势,股价创下了近 5 年来的新高,达到 15.50 元的价格。如果它跌到 8 元以下,不管是从中长线角度考虑还是短线波断炒作都是一个不错的标的。

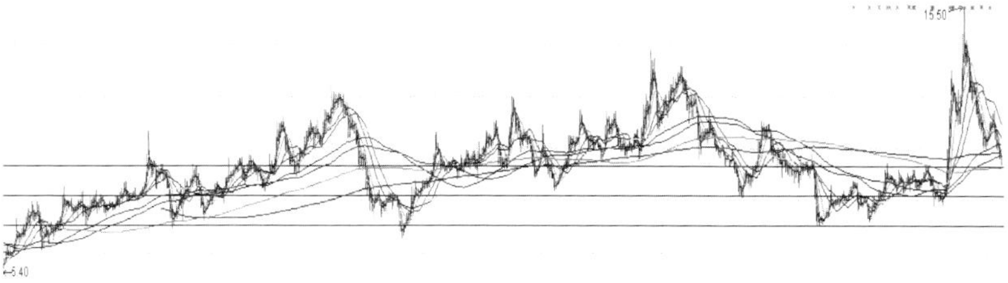

600272 在 2009–2012 年的日 K 线图

2009 年 3 月 31 日，中国证监会正式发布《首次公开发行股票并在创业板上市管理暂行办法》，该办法自 2009 年 5 月 1 日起实施。2009 年 7 月 1 日，证监会正式发布实施《创业板市场投资者适当性管理暂行规定》，投资者可在 7 月 15 日起办理创业板投资资格。2009 年 9 月 13 日，中国证监会宣布，将于 9 月 17 日召开首次创业板发审会，首批 7 家企业上会。2009 年 10 月 23 日，中国创业板举行开板启动仪式，10 月 30 日，中国创业板正式上市。

创业板又称二板市场，即第二股票交易市场。创业板是指专为暂时无法在主板上市的中小企业和新兴公司提供融资途径和成长空间的证券交易市场，是对主板市场的重要补充。在创业板市场上市的公司大多从事高科技业务，具有较高的成长性，但往往成立时间较短、规模较小，业绩不突出。创业板是一个门槛低、风险大、监管严格的股票市场，也是一个孵化科技型、成长型企业的摇篮。

中小板我都没兴趣参与，更何况创业板，自从创业板上市的第一天起，我就对这个中国资本市场上的“怪胎”产生了抵触情绪，对它们的表演漠不关心、不屑一顾。印象最深的一只创业板股票是吉峰农机(300022)，因为它从上市的第一天起就受到了资金的追捧，短短的一个月时间股价翻了三倍，不少股评人士更是吹嘘它会成为第二个苏宁电器，农机器具的自选超市。当时我看到这篇报告后就觉得可笑，农机器具能与家电相提并论吗？仅从消费群体来说就不在一个数量级上，主力的这群帮凶们真是想得出来，由此可见在中国这个不成熟的资本市场中陷阱之多让人无法想象。

我是从来不相信许多股评人士的夸夸其谈，因为他们可能与主力属于同一个利益集团，一旦有人说某某股票能成为先前疯狂表演的股票之二时，我劝大家千万别信，比如在2005~2007年的大牛市期间，有人鼓吹中国远洋是中国船舶第二，现实又如何呢？中国远洋从最高价的68.40元跌到了现在的4元附近，多么可怕，我真不知道有多少善良的中小股民深陷其中而不能自拔，或许今生也无光明之日了。

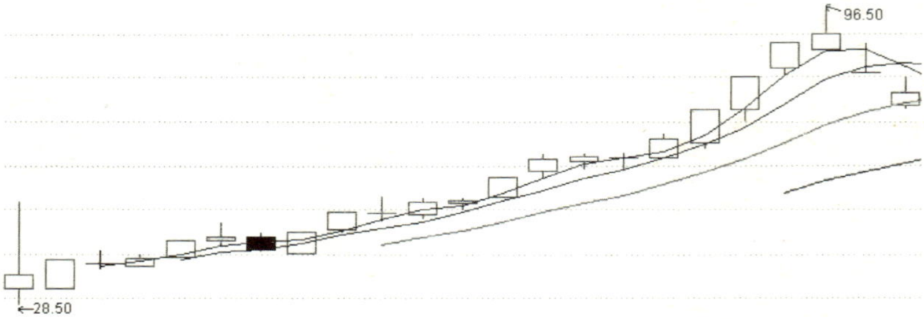

300022在2009年10月30日-12月7日的日K线图

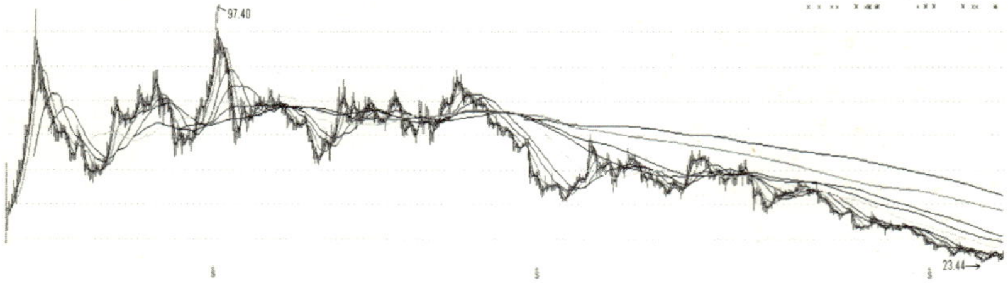

300022在2009-2012年的后复权日K线图

第 10 章　裹足不前

2010 年年初，一次判断大盘调整的经典事例。2009 年年底到 2010 年年初这段时间，上证指数一直在 3000 点附近震荡，由于震荡时间比较长，并且始终不能放量站上 3000 点，我预计可能会出现比较大的风险。

2010 年 1 月 20 日，我开盘就坐在电脑前面盯着盘面的变化，当发现早盘拉抬指标股时，我毫不犹豫地将手中的股票全部清空，然后就关上电脑出去办事情了。下午我回到家，打开电脑把我吓了一跳，上证指数全天下跌 95 点，日 K 线图上形成了一个大阴棒，虽然我卖出的股票当天并没有下跌，但我还是庆幸出来了。接下来连续下跌了两周，到 2900 点才止跌企稳，我原来持有的股票仅坚挺了两天，到大盘企稳时，它的价格也跌去了 15%左右。

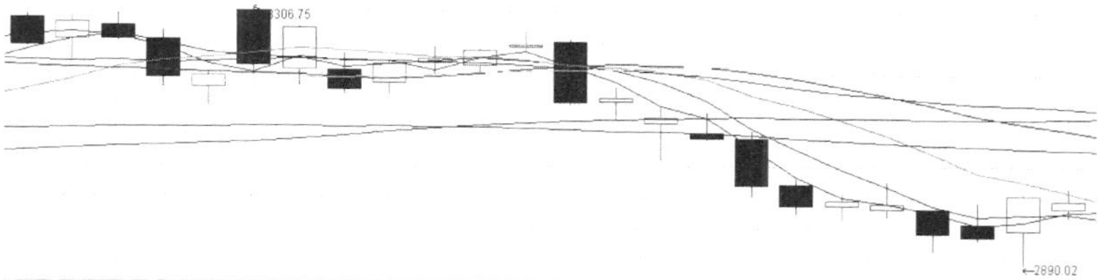

2010 年 1 月 4 日–2 月 4 日上证指数的日 K 线图

2010 年 1 月，我全仓买入金山股份(600396)，买入价格在 9 元附近。买入的理由是 2009 年 10 月 14 日，丹东金宇贸易商社和邹子文等 36 名自然人与华电金山能源有限公司(系中国华电集团公司)的全资子公司签署《股权转让协议》,转让方将丹东东方新能源有限公司 100%股权转让给华电金山,导致东方新能源及其全资子公司丹东东辰经贸有限公司合计持有的沈阳金山能源股份有限公司 101495831 股股份(占其总股本的 29.80%)一并转让,从而使华电金山通过东方新能源间接控制金山股份 29.80%的权益,并使中国华电成为金山股份的实际控制人。

大股东发生了变更,但它的股票并没得到很好的炒作,这是我介入的主要原因,并且新能源概念在当时也受到了媒体的大量关注,公司的风能发电是一大亮点,唯一的缺陷是它的股本达 3.4 亿。我进入后,由于大盘的下跌,它跟随下跌到 7.60 元的低价(2 月 3 日)后就开始上涨,但上涨比较慢,当它的股价涨到 9.50 元时,我就全部卖出了它(3 月),只赚了大概 4%,卖出它是因为我想买另一只股票。

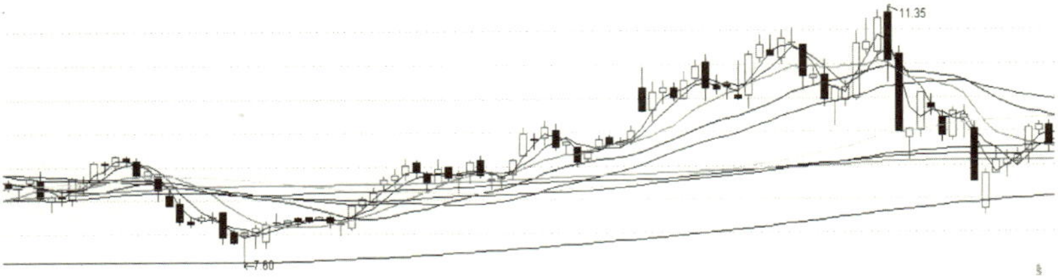

600396 在 2010 年 1 月–5 月的日 K 线图

2010 年 3 月,我从金山股份出来就换成了大连热电(600719),理由是每年的上半年它都有一波炒作行情,因为它每年的一季报业绩都非常优秀,并且日 K 线图显示它在 8.50 元附近盘整长达半年以上。于是我在 8.50 元左右全仓买入大连热电,但它的走势并没向我预想的方向运行,仍然在我买入的价格附近进行无量整理,折磨的时间长了,我也就失去了信心和耐心。因为中长线我并不看好它,只是想投机一下它一季报漂亮的业绩,持股差不多 1 个月后,我不输不赢就出来了。我出来后不久，在大盘的下跌背景下，它出现了连续快速的下跌，最低价达到了5.96元，后来由于华夏明星基金经理王亚伟的介入走出了一波上涨行情，在2010年的12月达到13.99元的高价。如果我能够多坚持半年，或许就有好的结果，基本面不怎么样的它，谁能想到会被王亚伟看上呢？股票投资有时候就这么怪，歪打正着的事情时有发生。

600719在2009年5月–2010年2月的日K线图

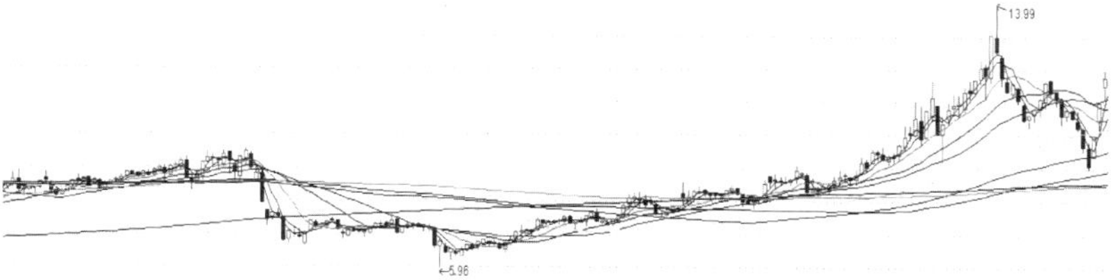

600719在2010年3月–12月的日K线图

紫光古汉(000590)，成交量与负面消息矛盾让我难以抉择

紫光古汉在2010年1~2月这段时间持续放量引起了我的注意，因为在这个时间段大盘是持续走弱的，强烈的反差和它放量碎步上涨让我觉得有人在主动收集筹码。3月，我准备买进时，发现它的负面消息不少（紫光集团与衡阳国资委股权之争、诉讼等），于是我就开始怀疑年初那段放量小幅上涨是否是主力在收集筹码？当我看到它的股价从5月开始在负面消息影响下下跌时，我更不敢买进了。现在分析它从年初持续上涨4个月后到达11元的价格，

然后开始持续下跌，到7月2日探低6.42元，比年初放量上涨时的启动价格还低20%，接下来它就稳步上涨，到12月时达到17.50元的高价，这个过程中让我害怕的下跌阶段其实是年初进去的主力利用负面消息进行的一个“挖坑”动作。

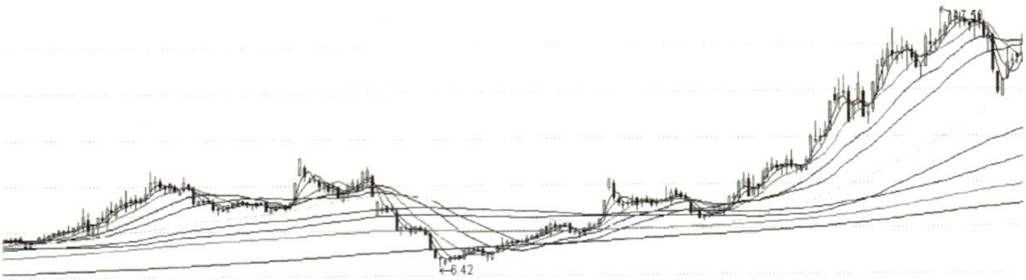

000590在2010年1–12月的日K线图

北矿磁材（600980），瞎猫碰上死耗子，我却没逮着

北矿磁材，它是我多年前就关注的一只股票。主要是因为它的股本小，大股东是国资委，多年来业绩一直处在亏损的边缘，重组的可能性非常大。多年来，我选股的理由中非常重要的一点就是大股东的实力如何，只要是国家国资委和各个地方政府的国资委作为最终控制人的小盘股股票我都比较喜欢。因为在我看来，国家持股的上市公司从资本市场上消失的可能性非常小，国家有的是优质资源，做大做强上市公司也是各级国资委的职责和任务，因此每年都会有不少国资委持股的上市公司发生重大重组事宜，这也为二级市场提供了良好的炒作题材。

记得在2008年年初时，有个朋友问我买什么股票好，我建议他关注北矿磁材这只股票，当时它的价格在8元左右。我的理由主要是大股东为国务院国有资产监督管理委员会，重组的可能性很大。另外，当时的大盘在高位，大盘下跌到什么时候是底我说不清楚，但风险是非常明显的，因此，要买也只能买在这波大牛市行情中没有很好表现的个股，北矿磁材就是一个很好的标的。退一万步说，假设它下跌50%，也就4元，而它上涨100%就是16元，只要你有足够的耐心，我想这笔账大家都会算，并且作为非专业投资人士，没必要天天看着它，作好长线持股的准备。他觉得我说得有些道理，由于我同他只是萍水相逢，我也不知道他是否真的买了这只股票。

2010年2月，我回重庆过春节时，重新换了一家证券公司，主要原因是原来的证券公司手续费比较贵。2008年，我由于工作调动的原因离开了重庆，但我网上交易的手续费仍是1.5‰，原先在重庆工作时，我就为这个手续费同长江证券的客户经理交涉过，客户经理口头上承诺给我降到1.2‰，可事实上他并没有给我调整，或许因为短线交易的次数少，我就没有同证券公司计较这个高昂的手续费是否下调的问题。但自从我工作性质发生变化后，我交易的频次明显增多了，于是在2009年6月，打电话给客户经理强烈要求降低手续费，1个月后他给我降到了1.0‰。但这一年下来，我粗略算了一下，我贡献给证券公司的手续费仍然高达2万元之多，于是我再次打电话给客户经理希望能再降低一些手续费，因为我看到网上说有些地方的手续费最低只有0.3‰，客户经理回答我当面谈。既然要谈，我肯定得先了解一下重庆地区手续费最低能达到多少，于是就在网上查找在重庆的其他证券公司，最后打探到有的证券公司手续费可以最低降至0.5‰，如此大的差距，坚定了我去证券公司据理力争的念头。

我这个人有个念旧的情怀，并且换证券公司也挺麻烦，所以我内心希望长江证券公司能满足我降低手续费的要求，我可算得上长江证券公司在重庆的老客户了（1996~2009）。但我同长江证券公司的客户经理谈得并不理想，他给我的最高优惠只能是0.8‰，我回想起成为长江证券客户的十几年间，并没有得到他们的礼遇，几年前的市值中签事件浮现在眼前，想起来就让我很不舒服。并且，客户经理不耿直，我不知道他是不是重庆人，他就像菜市场卖菜的大妈同我讨价还价，最后我只有坚持换证券公司了，理由是我的工作地点换到了昆明，“此处不留爷，自有留爷处”。

其实，我是换成了同在重庆的国泰君安证券公司，这个公司的客户经理是我在网上查到的电话。同他简单谈了一下我的情况，他就约我见面，当他问到我有多少资金量时，我说保证起码有 50 万元，他很爽快地答应给我 0.5‰的手续费，并且我带去的几个客户（如我朋友、我姐夫等）都执行这个手续费标准。我本希望我岳父和我妹夫也转到这个证券公司，但由于他们的本金只有几万元，他们本人也嫌麻烦就没有接受我的建议。为了更换证券公司，我不得不把账户上留有的 1000 股“金荔 1”卖出，本来我是打算长期持有它作为纪念，并起到警示的作用的，没办法，我只好彻底同它拜拜了，希望它能深深地留在我的记忆中。

第一次来到国泰君安证券公司位于解放碑的营业部，我办理完手续后就到客户经理办公室闲聊了一会儿，股票的话题肯定少不了。虽然他是证券公司的客户经理，但不管从年龄上还是从事股票交易的时间上，他都比我年轻多了，所以谈到股票的时候，大部分时间他都是在听我说，我说我看好北矿磁材这只股票。2 月 26 日，我回到昆明就计划买进北矿磁材，有时候我很大胆，有时候又很小心，人心态的可变性真是无法想象。3 月 1 日（星期一），我想观察一下它再下手，差不多一个上午它都不温不火，临近上午收盘时，突然有两笔千手大单跳高几毛钱上拉，最后收盘在 11.56 元，离涨停价仅差 0.10 元，下午开盘后它就被大单牢牢地封住了涨停板。接下来的第二天和第三天早盘开盘后很快就封住了涨停板，价格也到了 14 元左右，我后悔得直跺脚，真是“人算不如天算”呀，我只能望它兴叹了，短短几天就离开我的计划买入价格几块钱，我肯定不会再碰它了，只能看着它尽情表演了。

后来，北矿磁材成了 2010 年的大牛股，最高价达到 41.08 元。记得有次在 QQ 上同我以前在重庆工作的同事聊天，她说她在 25 元处买了北矿磁材，涨到最高点没卖，现在又回到了她当初的买入价格附近。我对她说，“你胆真大，我太佩服了，但我建议你择机卖出”，不知道她是否采纳了我善意的提醒。到了 2012 年 8 月，北矿磁材的价格跌回到了 12 元附近，我真希望我的这位曾经的同事听到我的建议后早早地出局了，否则后果就不堪设想了。当然，从长线的角度考虑，我认为它仍然是一只不错的标的，只要它的价格能回到我接受的范围内，或许我会买入它。

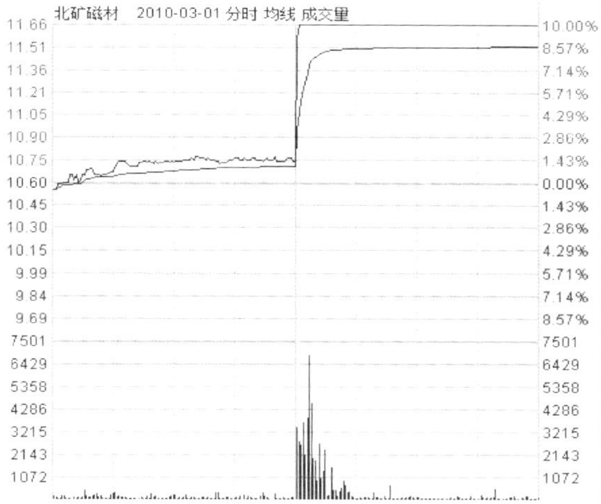

11:23	10.74	48	S
11:24	10.74	23	S
11:25	10.76	30	B
11:26	10.76	1	B
11:27	10.74	10	S
11:27	10.76	50	B
11:27	10.76	3	B
11:28	10.74	9	S
11:28	10.75	5	S
11:28	10.75	48	B
11:28	10.74	5	S
11:30	10.88	1261	B
11:30	11.28	1784	B
11:30	11.30	28	B
11:30	11.30	6	B
11:30	11.30	39	B
11:30	11.40	113	B
11:30	11.49	58	B
11:30	11.50	68	B
11:30	11.50	10	S
11:30	11.56	60	B
13:01	11.56	28	S
13:01	11.59	461	B

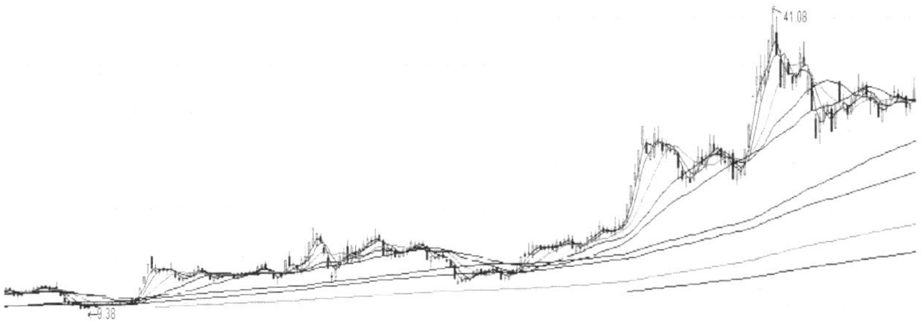

600980 在 2010 年 1 月–12 月的日 K 线图

本性善良的我真心希望我认识的朋友们都能在股市中赚到钱。但事实却是我身边的不少朋友深受股市之害，有永远不愿再提股市的，有深度套牢的，也有朋友不能忍受股市的折磨后转投基金的，但结局都不太理想，仍然逃脱不了本金损失的厄运。

中国普通百姓的投资渠道太有限了，大部分人除了股票就只有选择基金，但多年来的基金净值表现却不尽如人意。这不仅与中国股市的大环境有很大关系，也与基金经理的操作水平有关系，前者是我们无法改变的现状，只有寄希望于后者了。可是，仔细想想，基金经理真的值得我们信赖吗？我是不敢相信的。因为中国的大部分基金经理都只是身披金融类的高学历，并无多少实践经验的人。许多基金经理直接从学校毕业后从事股票的时间还不满 5 年，他们能管理上亿的资金在证券市场叱咤风云吗？我深表怀疑。

通过我多年在股票市场上挣扎的现状，我想没有经过一个牛熊转换全过程洗礼的人是很难在资本市场上立住脚跟的，更何况许多基金经理的职业操守和个人修养还值得怀疑呢！许多基金经理都是牛市中的明星，熊市中才知道所谓的明星基金经理们中谁在裸泳。因此，我时常劝慰朋友们，如果想把钱交给基金经理打理还不如存银行稳妥，我的这种说法并不是空口无凭。我在 2008 年年初时购买了一份投资连结险（号称基金中的基金），每年定投 3000 元，当初的净值是 0.90 元，几年下来，从来没有超过我买时的净值，净值最好时也只是到了 0.80 元附近，现在仅为 0.60 元（2012 年），有些可悲吧！

前些日子，有位同事问我是否需要将每月定投基金的 500 元取消，针对这个问题，我真不知道怎么回答为好。因为现在上证指数已经到了 2000 点附近了（2012 年 8 月），风险肯定是非常小了，但听她的口气是不想继续定投了，并且我也不知道她买的基金的盈利水平如何？基金经理的管理能力如何？仅就定投这种方式，我认为还是可取的，一个月拿出 500 元对于出资人也没什么大碍，只是现在的低迷现状我也不知道什么时候能结束，更何况基金的优劣实在没有办法来衡量，假设大盘上涨，我也无法判断她所持有的基金就一定能涨很多。

据报道，资本市场大浪淘沙，2012 年不少曾经名声大振的明星基金经理黯然挥手告别二级市场，市场上坚守者举步维艰。2012 年以来已清盘的私募产品不在少数，截至 8 月底，清盘产品数量已达 172 只，其中结构化产品 129 只，非结构化产品 36 只，单一的 TOT 产品 7 只，其中有 64 只产品提前清盘。曾经的私募“头牌”广州新价值投资在低迷的熊市下，净值也跌入谷底，公募基金虽然清盘的不是很多，但净值打 7 折的现象屡见不鲜、比比皆是。因此，我对我同事的这个问题没有正面给予回答，取舍只能由她自己定夺了。

惠天热电(000692)，坚持不够，耐心缺乏

2010 年年初的时候，惠天热电名为 ST 惠天，我关注它的原因是因为它将会在年报出来后摘帽。3 月，我在 7 元附近买入了 1000 股 ST 惠天，本想等它摘帽后再卖，可是每天看到它碎步上涨的走势就让人着急，估计其中的主力实力不行，并且画线显示 K 线图在一个标准的上升通道中运行，我想这个主力的操作手法也太低级了吧！连我这个技术分析不在行的人都能看得出来，可想它的未来又有多大的前途呢？后来我实在觉得没什么意思，就在 7.50 元左右卖了。虽然最后它在摘帽概念下涨到了 9.70 元，我也不后悔当初卖出的决定，因为它实在是太磨人了。或许多年后有更强的主力入住，股价会有另一番更好表现，只要它股价仍然停留在低位，我的自选股中一定有它的一席之地。

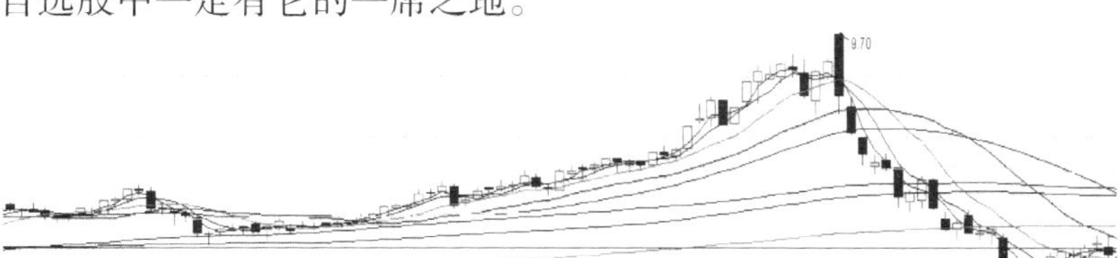

000692 在 2010 年 1 月–5 月的日 K 线图

时代万恒(600241),交投清淡,耐心尽失

时代万恒,原名辽宁时代,早在2005年时它就进入了我的自选股,但真正持有它就两次,一次在2007年9月,一次在2010年3月,并且两次持有的时间都非常短,几乎没有利润就走人了,主要是受不了它那种交易清淡的走势。买入的理由是它的股本小,有送股的可能,可是间隔2年半的时间也不见动静;另一个原因是大股东,辽宁时代集团的实际控制人为辽宁省国资委,并且时代集团在辽宁是一个非常有实力的集团公司,优质资产肯定不少,极有可能注入上市公司,但盼星星、盼月亮,就是不见公司开展资本运作的实际行动。

2000年上市时它在20多元的价格上仅维持了不到1年,然后股价就是一路下跌,十多年来在二级市场上都没怎么表现的小盘股(1.06亿),实属罕见。2005~2007年的大牛市期间,它的股价最高也只有15.48元,很多时间它的股价就徘徊在10元左右,2010年终于开始了一段久违的上涨行情,最高时达到19.58元,这波行情是因为送股传闻,2011年年报出来后,果然有10股送7股的利好。当初我买入的重要理由终于兑现了,可惜我没有享受到,所以在股市中是否真正能赚到钱,重要的是择时,或许持股的理由终将成为现实,但资金的时间成本对于普通散户是一个极大的考验。

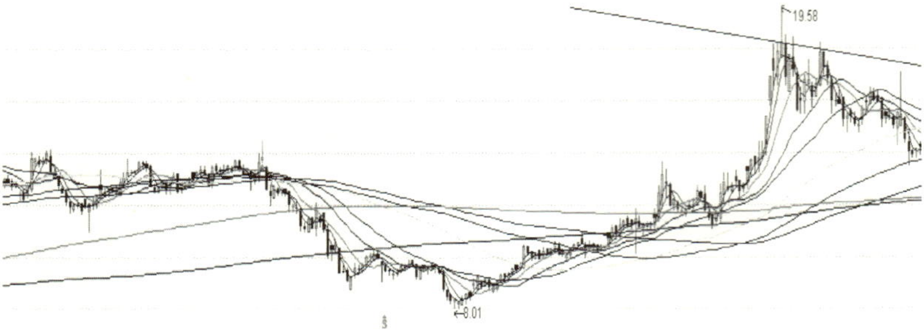

600241在2010年1月–12月的日K线图

零七股份(000007),时机严重错位的经典

零七股份,原名ST达声,深圳老牌股。自从2000年以后公司业绩就每况愈下,债务纠纷层出不穷,早早地被戴上了ST。真正进入我的自选股中是因为2010年1月27日的一则公告，即经公司董事会申请,并经深圳证券交易所核准,公司证券简称自2010年1月27日起发生变更,变更后的证券简称为“ST零七”,公司证券代码仍为“000007”不变。有点意思,证券代码和公司名称惊人的相似,肯定是有意而为,既然公司管理层能想出这个绝招,那就预示着公司会使出浑身解数进行重组。

2010年6月,我重仓介入,买入价格在7.50元左右,持有了一段时间,发现它不温不火,我开始怀疑我的判断了,因为在这段时间公司层面仍然没有什么好消息,于是小赚了一点就出来了。后来虽然它涨到了10元,但时间跨度长达近1年,并且在6~10元之间无量整理长达2年多时间,2011年12月，它借助大盘下跌出现连续跌停,最低价达到了5.69元,然后在摘帽预期下一路走高,即使大盘下跌,也仍然我行我素,在10元附近取消ST,并且成为了深圳市场上2012年第一家取消ST股，取消ST后继续上涨到17.84元的高价。公司管理层折腾的本事不是一般的强,如果我在2010年进去后不出来持有到现在，账户资金不仅能躲过2011~2012年上证指数下跌1000点的厄运,更有100%以上的利润。

我经常想，或许一个不信服的理由就能在资本市场上创造奇迹,但在这个奇迹发生的过程中,一定会让人生不如死。假设我真的能持有它两年不动摇，但谁又能保证在2011年12月时它的股价跌到5.69元时我仍能坚持下来呢?估计很有些难度,除非我的钱多得不能再多了,就有可能豁出去、赌一把。

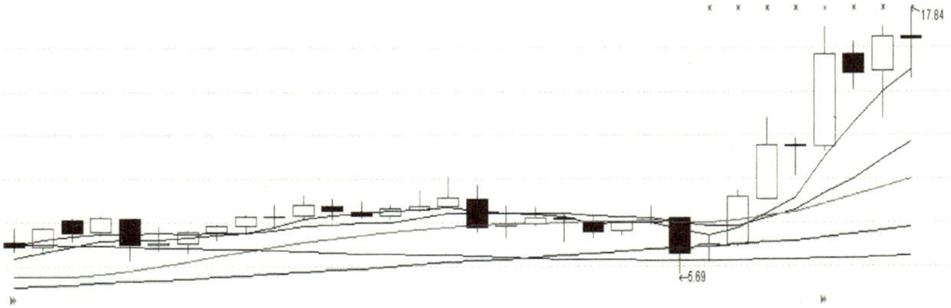

000007在2010年1月-2012年8月的月K线图

龙头股份(600630),上海世博园开园只是近黄昏

2010年4月,上海世博园将正式开园。我想上海本地股肯定会有一番表现,翻遍了上海本地股,要么就是价格高,要么就是股本大,退而求其次,也只有龙头股份、上海金陵、复旦复华还相对比较适合我的胃口。最后我选择了龙头股份进行操作,理由主要有两个方面,一是它在2009年11月份曾经有一波快速上涨行情;二是我想世博园正式开园的时间快要到了(4月21日),肯定会有不少国内外游客前往欣赏,而龙头股份生产的床上用品早已久负盛名,肯定会吸引不少顾客消费。但自从我买进后,它就要死不活地在我买入的价格附近震荡,并没有出现我期待的炒作局面,鉴于它的盘子不小,最后我在不亏不赚的情况下出来了。现在回过头来想,很多题材的炒作一般都会至少提前半年以上,真正到点了就没有动静了或者见光死了,如北京奥运会的炒作更是提前了一年的时间,给我印象最深的一只股票是北京旅游(000802)。因此如果只想短炒一下盛会的题材一定需要提前半年以上布局,临点了就最好别去了,否则会成为见光死的牺牲品。

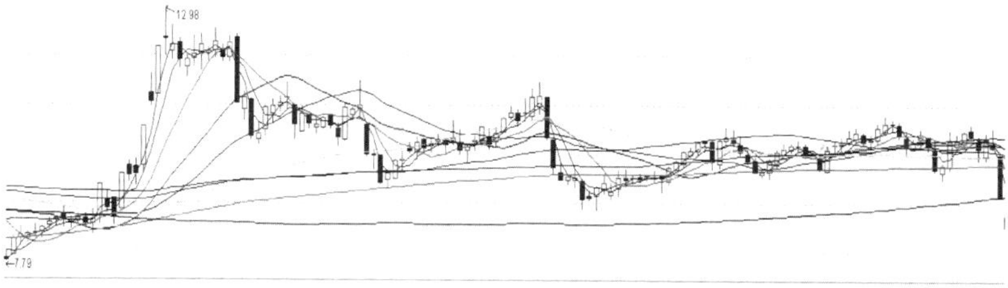

600630 在 2009 年 10 月–2010 年 4 月的日 K 线图

力合股份(000532),冲动酿成苦果

力合股份，是我在资本市场上多年来短时间第一只壮士断臂的股票。本来像力合股份这种股本,我是不太喜欢的,也就没有认真研究过,4 月 21 日买入它是被它当时犀利的上涨攻势吸引了,以为它又会连续上涨几天,希望自己能在它上面做个赚钱快的短线。买入前,我调出它的日 K 线图,发现它曾经在 2009 年 9 月份有一波快速上涨的走势(原因是创业板上市概念)。当时,它参股的数码视讯将很快就要在创业板正式上市，我想至少它应该重温一下旧梦吧！于是想也没怎么想就买了,结果当天买在了 14 元的最高点,从此也开始了我的噩梦之旅。看到它天天下跌,才开始认真分析公司基本面,找些持股的理由,最后还是找到了一些亮点,如公司大股东珠海水务集团,有可能注入优质的水务资产;另外第一大股东持股数仅占总股本的 10.57%,如此少的持股数量可能引发并购题材。

当它的股价跌到 10 元附近时,我内心强烈的不安,也说不出具体的原因(估计是买入价格太高了),于是我就全部卖出了,亏损 20%以上。在我以前的操作中,亏损 10%以上,我一般就持股不动了,因为我重仓买入一只股票都会深思熟虑,只要牺牲时间成本,亏损的可能性就非常小。还好,我及时出局了,后来它跌到了 6.83

元，虽然经过一年时间，它又回到了 13.85 元的价格（上涨的原因是彬彬集团举牌），但这个时间成本让我有些后怕。正如乔治·索罗斯所说，“错误并不可耻，可耻的是错误已经显而易见了却还不去修正。”

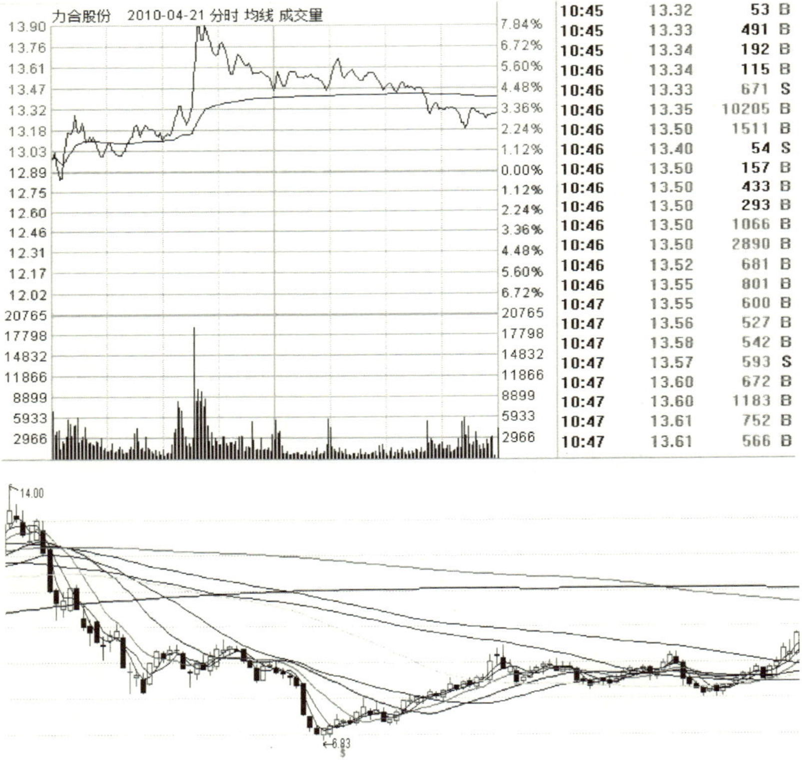

000532 在 2010 年 4 月 21 日—10 月 21 日的日 K 线图

太原刚玉（000795），来不及说爱它

太原刚玉，是我多年来关注的一只股票，由于基本面始终没有让我看到改观的信号，我迟迟没敢动心，但它的地域性和金刚石制

品常常吸引我的眼球。2010 年 8 月 25 日的第一个涨停板启动时，让我有些摸不着头脑，没有涨的理由呀！接下来它连续几天放量上涨，慢慢地就离开了我设定的买入价格，我不得不把它遗忘了。更让我想不通的是从 2010 年 10 月 21 日起，它连续拉了多个涨停板，用时仅 1 个月时间股价就从 10.62 元涨到了 26.38 元。从此它也就彻底消失在了我的自选股中，真想说爱它，却没来得及表达。

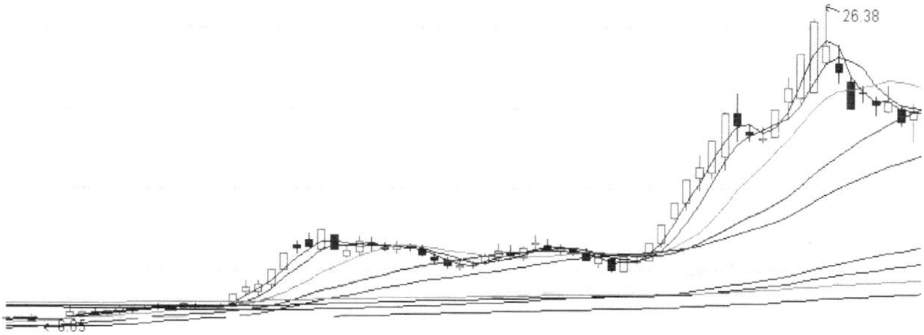

000795 在 2010 年 8 月–11 月的日 K 线图

中钢吉炭(000928)，出师不利终成悔

失去了太原刚玉，我将重点放在了中钢吉炭上，因为我长期将它俩放在一起研读。2010 年 8 月 31 日，当中钢吉炭出现第一个涨停板时就引起了我的高度重视，但第二天的一根中阴线又将我刚刚燃起的欲火浇灭，于是决定再看看，没想到第三天它又来了个涨停板，于是我在第五天买了 1000 股。可是，接下来一个月它就没动静了，股价下跌到了启动前的位置，成交量持续回落。国庆长假前的最后几天，鉴于换手率仅在 1%左右，我判断它短期不会有什么行情，于是在亏损 10%的情况下出来了。2010 年 10 月 8 日，国庆节刚过的第一天，它在集合竞价时就被大单直接封在了涨停板，我想这下肯定完了，没机会在它上面享受丰硕成果了，短短的 1 个月时间，它从 9.03 元涨到了 18.22 元。

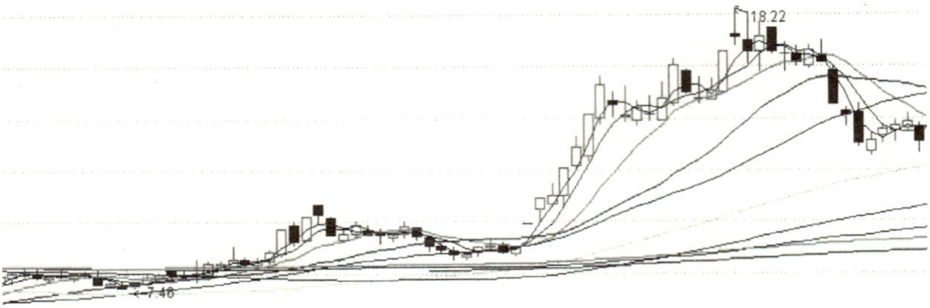

000928在2010年8月–11月的日K线图

迪康药业(600466),理由牵强,自动放弃

2010年12月,我在10元附近买入少量迪康药业,买入理由是在一个月的时间内,出现了一幕戏剧性的公告。即2010年11月23日刊登四川迪康科技药业股份有限公司自然人股东徐开东（截止2010年11月14日共持有公司流通股9422360股，占公司总股本的5.37%)于2010年11月15日,通过上海证券交易所交易系统卖出公司流通股722360股，变动后尚持有公司流通股8700000股，占公司总股本的4.95%；并于2010年11月16日通过上证所系统购入公司流通股138900股,本次变动后,徐开东共持有公司流通股8838900股,占公司总股本的5.03%。2010年12月21日刊登四川迪康科技药业股份有限公司自然人股东徐开东于2010年12月16日通过上海证券交易所交易系统售出公司流通股68900股;本次变动后,徐开东仍持有公司流通股8770000股,占公司总股本的4.99%。股东徐开东的解释是不知道自己的持股数量超过了交易所规定的5%，作为持股上市公司的自然人不可能不知道这个政策，或许是多个账户操作时不小心导致的结果。总之,它可能有故事要讲。

但我买入它后,它就在我买入的价格附近震荡,我将这次操作告诉了我姐夫，但我姐夫说很多医药企业近年来效益都不好，建议我最好出来。经过他这么一说，我就开始动摇了，并且也怀疑自己的猜想，于是在不亏不赚的情况下我就草率地卖了。2011 年 2 月 10 日这天，它放量突破近半年的整理平台，开始了飙升之旅，到 3 月 14 日涨到 22.40 元的高价，上涨是因为 10 股送 15 股的送股题材，业绩并不好的它为什么会在这个时候来个高送转呢？我猜想可能与徐开东有很大的关系吧！在中国不成熟的资本市场上，上市公司配合主力炒作是常有的事，作为散户不可能了解到这些内幕，只要能搭一段顺风车也是不错的选择，可惜我又一次提前下车了。

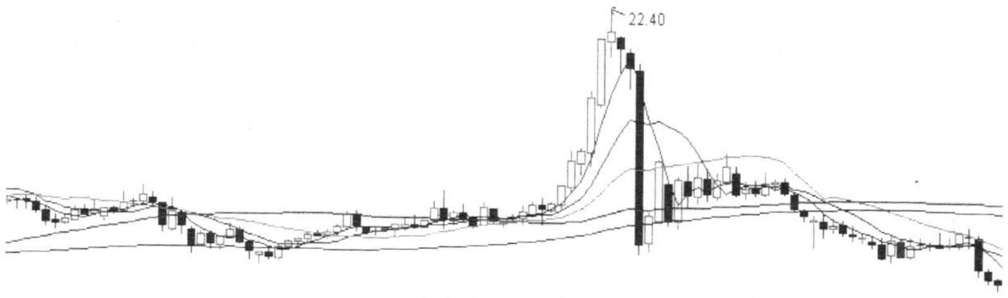

600466 在 2010-2011 年的周 K 线图

西藏发展(000752)，歪打正着，却只喝了点汤汤水水

西藏发展，是我 10 年前就开始关注的一只股票，吸引我眼球的是它的主要产品——拉萨啤酒。啤酒倒不稀奇，但拉萨啤酒就不一样了，我经常同朋友聊天时说，如果能在重庆喝上拉萨啤酒是多么惬意的一件事呀！2009 年 9 月，我在 8 元附近买入了一些西藏发展，赚了 10%就出来了，2 个月后，它快速上涨了两波，达到了 15.29 元。2010 年 10 月，我在 11 元附近又买了一些西藏发展，也只赚了 10%就又出来了。差不多 3 个月后，它下跌到了 8.62 元，接下来它就开始了长达近 1 年的大牛市行情，最高价达到了 38.59 元。

炒作它的理由并不是因为拉萨啤酒风靡全球,而是稀土概念。虽然我在它上面没有赚到多少钱,但它的走势引起了我的思考,分析它的日K线图,我发现它启动这个大行情前在8~14元整理了一年时间,并且在大涨前快速回到了箱体的底部。如果今后我一直看好的股票中也出现这种长时间横盘后,又无缘无故地回到箱低,则有可能会是行情即将启动的先兆。

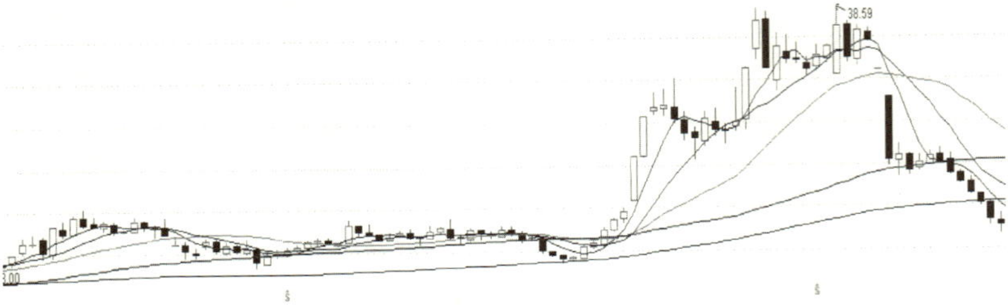

000752 在 2010–2011 年的周 K 线图

中国武夷(000797),“中国”两字差点害我不浅

2010年7月,我在7元附近买入中国武夷。理由主要有二个,一是“中国”二字;二是它在2009年2月有一波连续涨停的走势,显示主力十分强悍。但持股一个月,它始终在我买入的价格附近震荡,后来发现国家对房地产调控的政策越来越严厉,我亏了点手续费就出来了。出来还算及时,后来它基本上没有超过我卖出的价格,不断震荡走低,经过这次事情后,我发誓不再买房地产股,因为我实在看不到这个行业的未来,中国房地产泡沫破灭只是时间问题,房子是拿来住的,不是拿来炒的,“修得广厦千万间,大庇天下寒士俱欢颜”的景象在中国一定会实现。

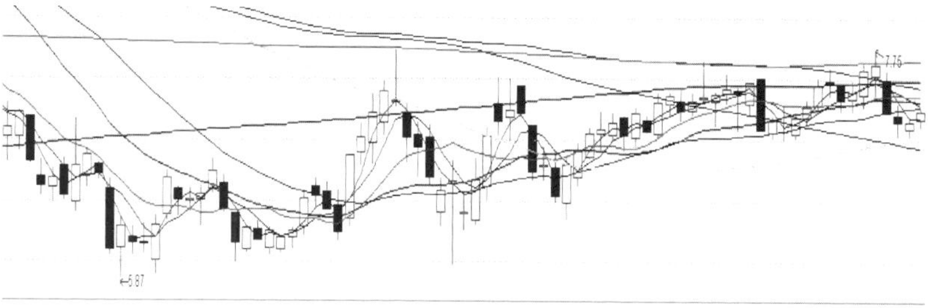

000797 在 2010 年 5 月–8 月的日 K 线图

金山开发（600679），超级短线，最终痛失机会

2010 年 6 月 23 日，我在 8 元附近买入金山开发，6 月 24 日，我亏了点手续费卖出，玩了个超短线。卖出的原因是感觉大盘有风险了，果不其然，它随着大盘的下跌连续收出 5 根阴线，价格最低到了6.61 元。我真庆幸这次对大盘的精准判断，可是高兴劲还没回过神来，金山开发的走势就让我捶胸顿足、后悔不已，因为它连续来了 4 个涨停板。如果当初我不卖多好呀！短时间内由亏损 20%换来 30%的涨幅，何乐而不为，可惜我的命不好，这场经典的阻击战成了纸上谈兵。

金山开发这只股票非常活跃，经常出现连续拉升的走势，估计有长线主力长期进行短线操作，2010~2012 年的日 K 线图上显示有 5 次快速上涨走势，这在上海和深圳交易所上市的 2000 多只股票中是不多见的。仔细分析公司的基本面，发现并不怎么样，或许是因为它实际流通盘小，大股东为上海金山区国资委，重组预期强烈，但这些都是表象，有人敢玩才会出现如此凌厉的涨势。

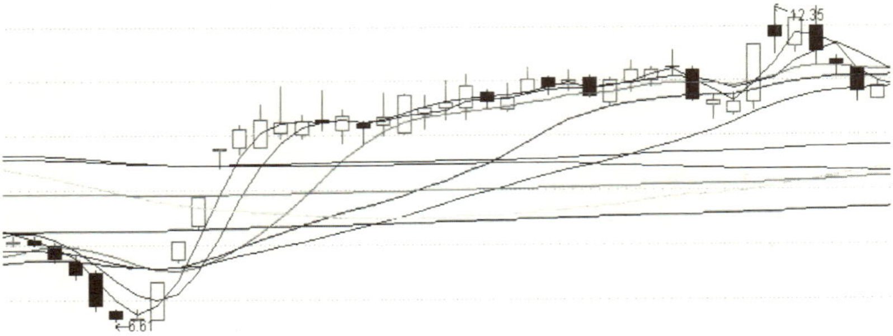

600679 在 2010 年 6 月 23 日–8 月 23 日的日 K 线图

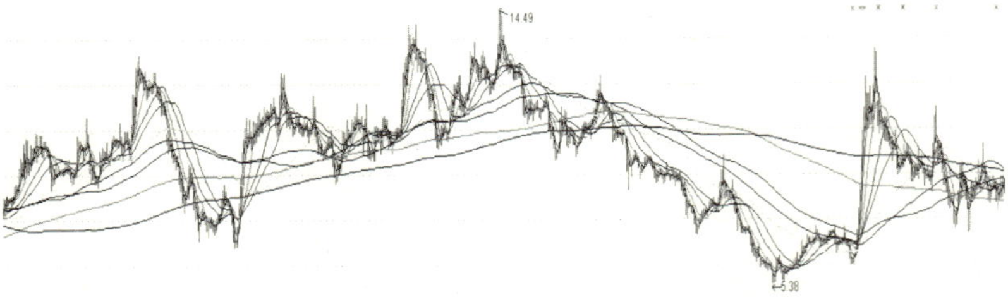

600679 在 2010–2012 年的日 K 线图

中国一重(601106),朦胧好感,却失之交臂

中国一重能进入我的视野,实属无赖之举。2010 年 9 月,我已经很担心大盘的安危了,但又不愿持币观望,在股市中找来找去,最后找到了中国一重,因为中国一重自上市以来一直在 5~6 元的区间上下波动,很有规律。买入的另一个理由是它的名字很独特,即有"中国",又是"一重"。还有一个好处是由于它的盘子大,流动性好,一旦发现大盘稍有风吹草动时,我可以及时出局,于是我在 5.10 元附近全仓买入了它。

买入后,只要有空闲时间,我就在它上面做 T+0。由于我的交易手续费比较低,只要有 2 分钱的差价,就可以做,前前后后还做了好几次呢！国庆节快到了，我在9月28日收到了我第三方存款银行客户经理的电话，她说她所在的营业网点将进行考核，问我能否帮她一个忙，将股票里面的钱转到银行账户上，我答应她尽量帮她。另外，我们一家人准备到攀枝花去看望我的父母，火车票是9月30日的。因此，我要么就持股到国庆节后，要么就必须在9月29日这天卖出来，否则资金就只能放在证券账户上了。9月29日收盘前几分钟，出于安全的考虑和举手之劳的成人之美之心，我临时决定持币过节，于是在收盘前的最后一分钟卖出了它，价格是5.16元。国庆节后，万万没想到大盘股开始启动，我的中国一重也不甘示弱，几天就突破了箱顶，1个月时间就达到了6.60元，3个多月时间达到了7.67元的历史高价。或许今生我将不会再买它，因为它的股本太大了，但我会一直关注它，因为它的特殊证券名称。

601106在2010年2月–2011年2月的日K线图

第 11 章 胜利冲昏了头脑

2010 年 4 月 16 日,沪深 300 股指期货合约即日起正式上市交易,这标志着中国证券市场上单边做多的时代结束。股指期货开户条件:(1)保证金账户可用余额不低于 50 万元;(2)具备股指期货基础知识,通过相关测试(评分不低于 80 分);(3)具有至少 10 个交易日、20 笔以上的股指仿真交易记录,或者是最近三年内具有 10 笔以上商品期货交易成交记录(两者是或者关系,满足其一即可);(4)综合评估表评分不低于 70 分;(5)中期协无不良诚信记录;不存在法律、行政法规、规章和交易所业务规则禁止或者限制从事股指期货交易的情形。

股指期货的利弊在不同人的眼里不同,推出股指期货的主要目的是给证券市场带来高效的定价机制,以消除过度投机,维护市场稳定。金融衍生产品能否被市场高效合理地定价,是市场是否健康的重要标志。股指期货作为 20 世纪 80 年代国际金融市场上最为重要的金融创新,目前已经是世界上交易性和流动性最好的金融衍生产品之一,被公认为是股市上最为有效的风险管理工具之一。推出股指期货对市场的影响有积极的一面,但在一定条件下也会加大市场的波动性。

股指期货推出后,将改变市场的单边运行机制,投资模式将出现多元化,市场的博弈规则将更为合理。股票市场将进一步吸引机构投资者投资,增加机构投资者在股票市场的比重,促进市场健康发展，增加股票市场的流动性，服务于蓝筹股发展战略。境外股指期货发展的经验表明，股指期货和股票现货交易具有相互促进的关系。股指期货会因套利、套期保值及其他投资策略增加而增加对股票交易的需求，从而增强股票市场的流动性，进而提高市场有效性。伴随着股指期货的推出和发展，标的指数中对股指有较强影响力，基本面较好、流动性高的权重蓝筹股必将受到更多机构投资者的青睐和关注，其对指数的影响力将更强，活跃程度也会提高，而质地较差的公司则会被市场逐渐抛弃，股市结构将逐步两极分化，蓝筹价值型投资理念将占据市场主导地位。这些或许就是中国管理层推出股指期货的初衷吧，可是以散户为主的 A 股市场，真正要实现管理层的意愿估计还有很长一段路需要走。

股指期货因具有交易成本低、保证金比例低、杠杆倍数高等特点，短期内将吸引部分偏爱高风险的投资者由股票市场转向期指市场。但从中长期来看，股指期货会大大促进股票市场规模的发展。股指期货是一把双刃剑，一方面可以规避风险；另一方面，可能给投资者带来更大的市场风险。首先，期指的交易会增加信息传送的速度，通过指数套利或其他渠道，迅速影响股票的市场价格；其次，期指交易有很高的杠杆作用，利用其高度投机可能使期指价格产生大幅波动而影响现货价格；第三，期指的“到期日效应”也有可能会使股票市场的价格波动加剧，投机操纵行为可能增多。

湖南海利（600731），波段经典

痛失中国一重后，我在 8 元附近全仓买入了湖南海利。理由是近年来，公司的重组绯闻不断，曾经有无数个版本的重组方案在市场中流传，但没有一个被证明是真的。从 2007 年起，湖南省轻工盐业集团公司就与湖南海利眉来眼去达两年之久，但最终是有缘无分。以湖南海利的经营状况（多年业绩在亏损的边缘）、行业地位来看，不进行重组实在难以为继，重组是公司较好的选择。我刚买入

几天，它就上涨到8.60元附近，但我没有卖，随后它就跌到了6.93元，接下来它就开始一波快速上涨，达到9.35元，我在12月29日那根明显的吊颈线出现时全部清仓了，卖出的价格在9元附近。

在我卖出没有几天，工厂就出现氯气泄漏事件，它的股价很快就下跌了，但明显感觉有人在低位吸筹，于是我在7.50元附近又全仓买入，持股3个月，又在9元附近全部卖出，卖出的时间在2011年3月30日，因为这天出现了早盘冲高，收盘后K线图上显示为一根上影线明显的阳线，我卖出后，它在4月19日达到了9.65元的价格。我前后半年时间在它上面做了两个波段，虽然我后来再也没有买它，但并不代表我不关注它，只要它的股价没有大幅上涨，在合适的时候我可能再次买入它，因为我相信它的重组一定会实现。

在我第一次买进去后，我姐夫在7元附近也买进了它，时间是2010年12月上旬，它正处于无量低位整理阶段，他给我说了后，我真佩服他把握的买点如此精准完美。但没几天，他的行为又让我百思不得其解，因为在12月17日的上午，仅赚了0.10元的情况下，他鬼使神差地卖了它，结果下午它就开始启动，股价最后封在了涨停板。在接下来的几天上涨后，他竟然又在9元追了进去，对于他这种急躁的操作心态我很难理解，因为我已经卖了。

我姐夫有个非常偏执的性格，开始时我给他说某只股票可以买，他一般不信，过了一段时间，他就开始相信并且买进去，当我说可以卖了的时候，他却固执地坚持我最先给他阐述的持股理由，或许这就是在投资市场上常见的一种人性本质。但凡炒股的人，很少人会相信他人，除非你是专家或者内幕人士，坚持己见是最普遍的现象，即“认死理”，总相信自己比其他人聪明。当我第二次在9元卖出它时，我姐夫仍坚持它很快就会重组，股价要大涨，根本不考虑当时大盘的实际情况，就这样他一直持有它没动，在他身上表现出来的这种固执有时候确实会产生正面效果，如世纪光华这只股票就让他尝到了甜头，因此，我也没有过多地指责他的这个行为不妥。直到 2011 年 12 月，我发现它在 7 元附近连续多天对倒时，才感觉到极其不正常，真的停牌重组前肯定不会出现这种情况，于是强烈建议他卖出，至少要卖一半的筹码，然后在低位重新捡回来。因为这时候的上证指数已经跌到了 2300 多点，许多股票都跌到 6 元以下了，我在 10.60 元处买入的深桑达也已经到了 6 元，账户亏损高达 30%以上，而湖南海利的股价还高高在上，我坚信对倒是出货，他居然不信我的再三警告，结果遭遇了“滑铁卢”事件。

2011 年 12 月 1~14 日，湖南海利长时间天天对倒后，15 日起便开始了快速下跌之旅，短短 15 个交易日（12 月 14 日~1 月 6 日）从盘中 7.87 元的高价下跌到 4.30 元的低价。说实在的，我真替我姐夫感到惋惜和痛心，错过了一次降低成本的绝好机会，如果我持有的深桑达有如此明显的对倒行为，即使亏损严重，我肯定也会先出来一段时间。即便坚决看好湖南海利这只股票的未来，为什么我们就不可以在 7 元以上卖出而在 5 元以下买回呢？主力如此明显的出货行为他居然熟视无睹，多年技术分析的经验积累难道还看不出来？不会连我这个非技术派人士都不及吧！分析他没卖出的原因只能有一种解释，那就是心存侥幸，因为当时他同我讨论时坚持认为这个对倒不是出货，而是换庄。他的这次经典事例或许将给我今后的操作带来很好的警示作用，但愿他也能从中吸取教训，“吃一堑，长一智”嘛！

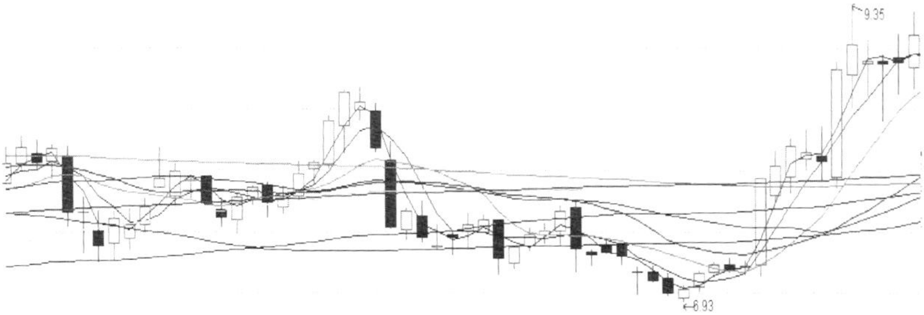

600731 在 2010 年 10 月–12 月的日 K 线图

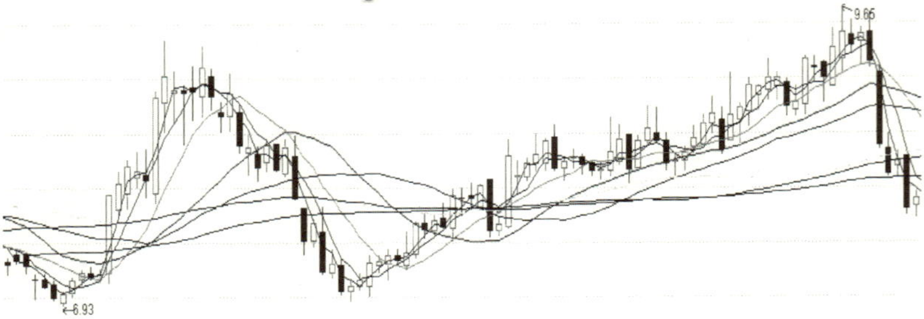

600731 在 2011 年 12 月–2012 年 4 月的日 K 线图

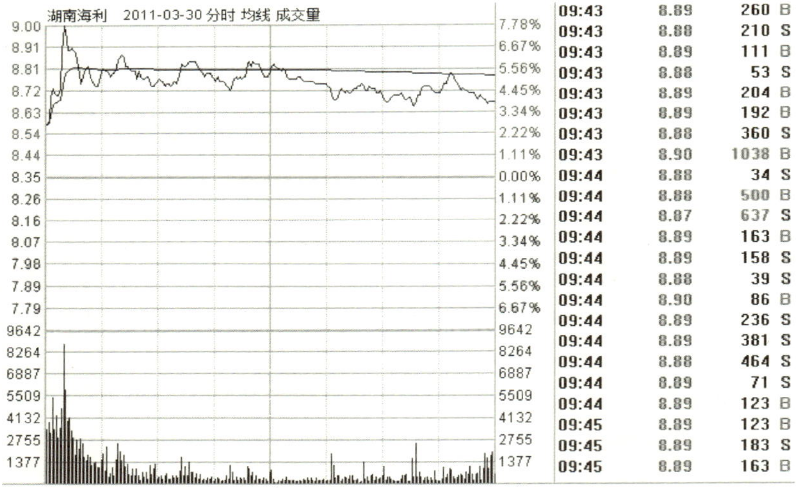

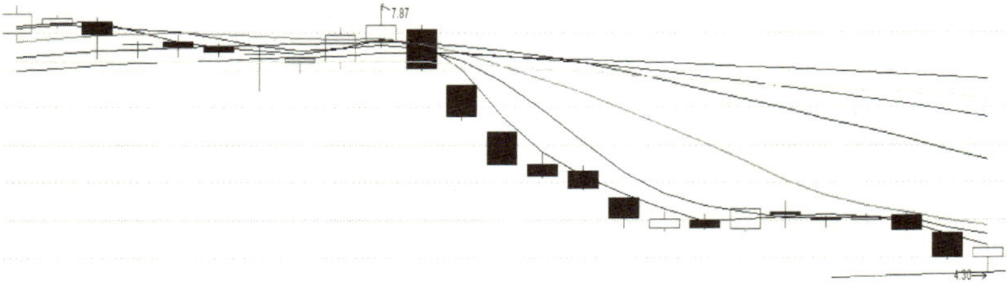

600731 在 2011 年 12 月 1 日–2012 年 1 月 6 日的日 K 线图

天兴仪表(000710),典型的小农意识

2011年3月,我在12元附近买入天兴仪表,涨到12.60元时就卖了,后来它涨到了18元,我只赚了点零头。为什么持股信心不足,估计是我买入的价格不便宜,上证指数在3000点震荡,让我害怕。天兴仪表也是我多年来重点关注的一只股票,现在它已经重组成功了,由于大盘的系统性风险,现在的价格也只有8元左右,而新进的大股东要约收购价格为9.64元,因此只要大盘回暖,上涨是迟早的事,但愿我能有机会在它股价没有上涨前搭上一班车。

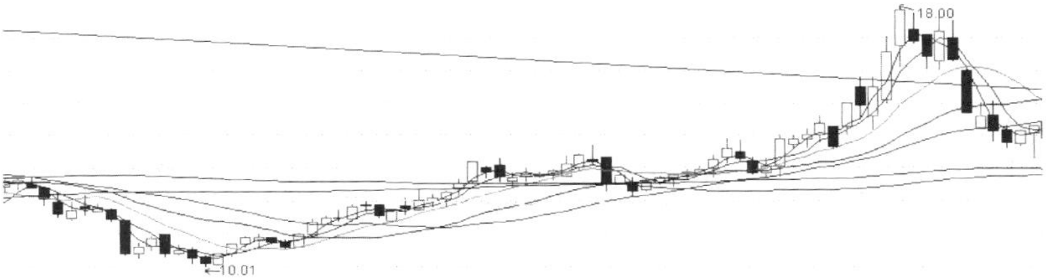

000710在2011年1月-4月的日K线图

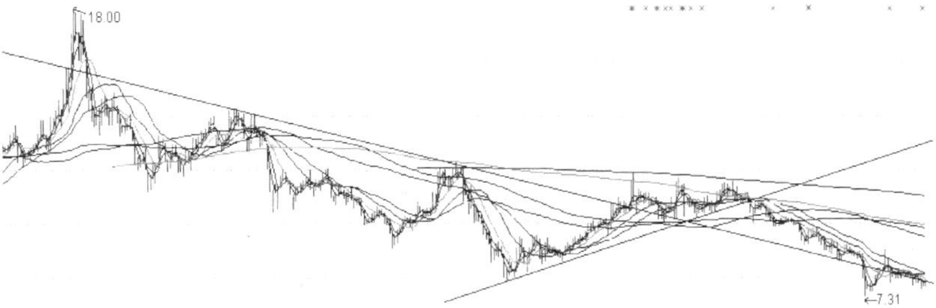

000710在2011年4月-8月的日K线图

光大银行(601818),流动性好,只是昙花一现

2011年2月,我在4元处买入了光大银行,买入的原因是它的波动走势明显,流动性好,我这点小钱很容易进出。或许是对大盘

股天生的恐惧感，我进去后没几天就出来了，只赚了点小钱，结果我出来不久，它就涨到了4.28元。虽然我没有卖到更好的价格，但现在回过头来想，我觉得出来是明智的，因为在2011~2012年的大盘下跌过程中，这些所谓的权重绩优股下跌惨重，光大银行下跌到了2.70元附近。

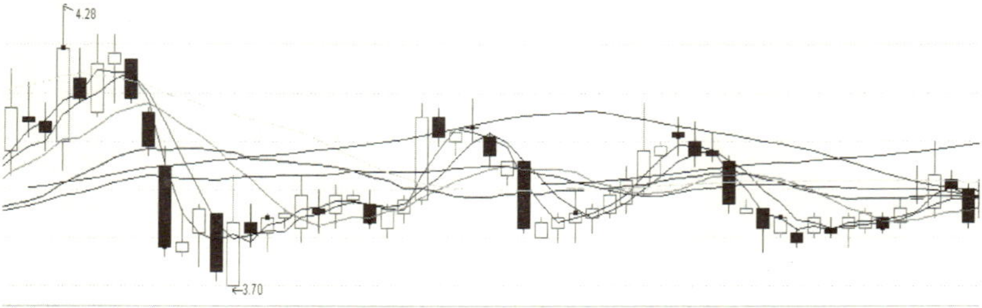

601818在2011年1月–3月的日K线图

兰州民百（600738），侥幸变成了不幸

2010年12月30日，我在9元处买入兰州民百，1月5日，我在9.35元卖出它，玩了一个超短线。我卖出的第三天，它就跌到了8.60元，本打算它跌到8元的时候再买入，没想到第四天，它就收出一根大阳线，上涨7.70%，接下来就开始震荡上行，从此，我再也没有关注它了。我岳父在我的建议下反复在它上面低买高卖，赚了一些钱。如果我能坚持在它上面做短线，也就不会出现后面的深度套牢局面了。

通过多年来对多只股票的分析，我发现一个非常奇特的现象，那就是我的选股理由最后基本都会实现，可是我买入和卖出的时机却严重错位。因此，如何调整好买卖的节拍是我当务之急最需要解决的问题，怎么解决呢？我没有找到更好的办法，或许只能寄希望于自己的预知能力能够在某一天突然大放光芒，估计到那时我不算非人类，至少也是个“半仙”吧！

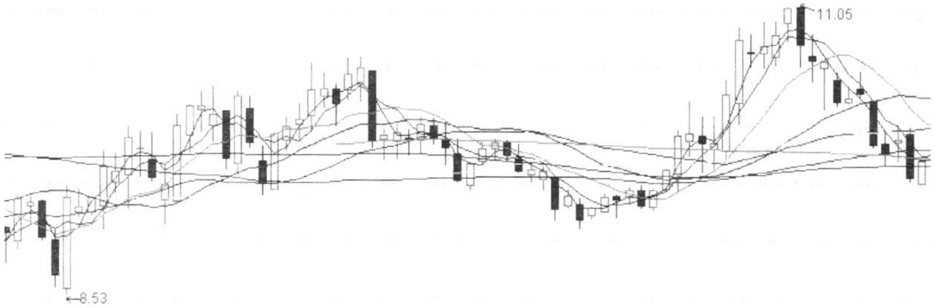

600738 在 2011 年 1 月–4 月的日 K 线图

一次证券公司朋友聚餐时对大盘的随口预言

2011 年春节期间，我照例回到重庆探望岳父、岳母。一天晚上，证券公司客户经理请我们这些客户吃饭，由于没什么事情，我和我姐夫也参加了。吃饭时大家谈了一下 2010 年的操作，有不少人赚了些钱，因为 2010 年是一个震荡年，只要波段掌握得好，操作水平又给力，取得收益不是很难。当客户经理说我操作得不错时，我不知道这是真心话还是恭维话，因为我在 2010 年加大了操作力度，他在我身上获取了不少提成倒是真的。作为一个客户经理，我们在座的每个人的底细他都一清二楚，当着众人的面，我只是小声回敬了一句“不好”。如果不冲动买进力合股份、国庆节前不退出中国一重而持币观望，或许真有不错的收益。

我粗略盘算了一下，这一年下来，我在年中时亏了 20 万，后来经过倒腾，到年底时，不仅将亏损弥补了回来，还赚了 20 万，相对于在座的前辈们，我肯定算不上“高手”，勉强不是“低手”吧！席间，我没有对个股发表意见，对 2011 年的大盘倒说出了我自己的看法，我预测上证指数会在 3200~2200 之间运行，正负偏差 10%，并且是前高后低。其理由是坊间传说 2012 年世界末日，我想总得在某些事物上体现一下吧，股市可能就不容乐观，因为我始终感觉上证指数的 3000 点是一个难以逾越的坎。估计当时没有人认真对待我说的话，我自己后来的操作也没有完全相信，也就是一种信口开河的无稽之谈，没想到2011年上证指数真的运行在了3100~2100之间。

普洛股份(000739)，信心不足，后悔不已

2011年4月初，我在9元附近买入普洛股份，买入的理由是它的股性比较活。但当我进去后，它却连续几天无量整理，或许是研究它的时间不够，几天折磨就让我信心全失，亏了点手续费出来了，结果它在7月达到11.56元的价格。即使上证指数跌到了2000点附近，它的价格仍在9元附近，如果我多坚持一段时间，就不会在后来的股票上损失惨重了，这就是命吧！

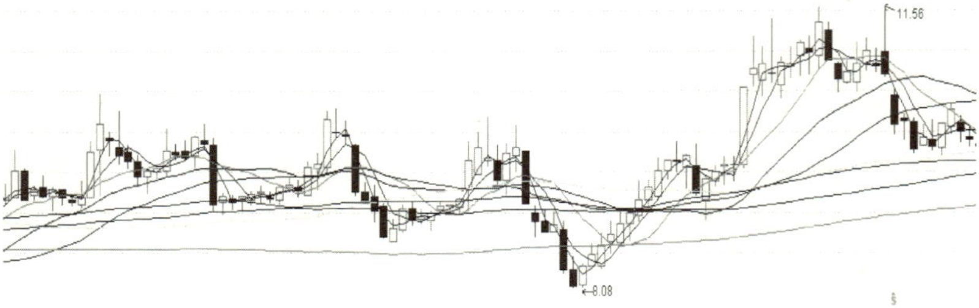

000739在2011年3月–7月的日K线图

深桑达(000032)，海市蜃楼的幻觉，破灭后受伤深重

从普洛股份出来后，我就预感到大盘的风险，于是将资金转到银行休息了半个月，后来听我姐夫说5月份还有行情，于是就在4月19日买入深桑达，从此遭遇“滑铁卢事件”，无法自拔。本想在它上面做个短线，却无赖成了套牢股东。

我买入深桑达的理由是它在2011年年初这段大盘上涨期间没有涨，19日的分时图显示在上午10点钟这波放量上涨时，大盘是下跌的，我想或许是有人要启动它了，于是在10.60元处匆匆地

全仓买进。其实从长远角度讲，深桑达也是一只不错的标的，理由主要有几点，一是大股东深圳桑达电子集团有限公司实力雄厚，存在着整合优质资产到上市公司的可能；二是公司主营电子设备、电子元器件，未来通信技术产业作为“十二五”规划中新兴产业的重要组成部分，有较大发展空间和成长潜力，“无线充电概念”独特，与通用照明合作的 LED 照明潜力大；三是深圳前海特区建设和金融改革实施，深圳本地股票可能会有好的表现；四是公司在南山区拥有桑达科技大厦、桑达工业大厦等资产，在龙岗布吉有一块 37000 平方米的工业土地，已经在积极申请城市更新，在华强北和华发北有 2.7 万平方米建筑，其中 1.3 万平方米已经要开始改造升级了。但这些美妙动听的理由，光有我相信肯定不行，除非主力资金同我想到一块去了。截止到 2012 年 8 月，看好它都只是我的一厢情愿，因为它还在 6 元附近挣扎，我真不知道何时能见到曙光，只能慢慢熬了。

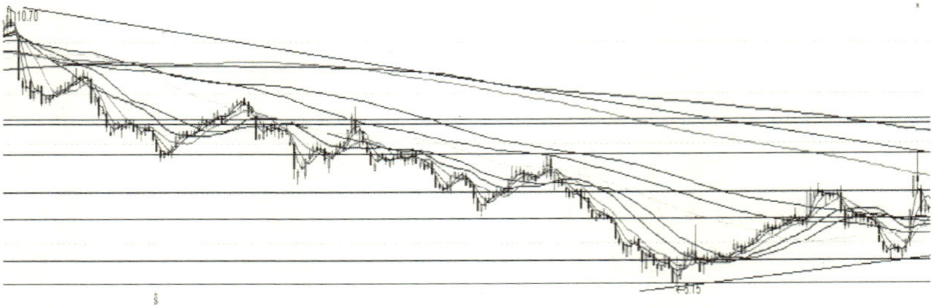

000032 在 2011 年 4 月 19 日-2012 年 4 月 19 日的日 K 线图

第三部分　N年股市成熟期

进行投资是种乐趣，以你的才智与广大投资群体抗争，并发现它们正以高于你工资的增长率递增是件令人兴奋的事，而学习在金融投资形式中出现的产品、服务和创新的新的概念也是件够刺激振奋人的事情。一个成功的投资者通常是个考虑周全的人，能用天生的好奇和有理智的兴趣进行工作以赚取更多钱财。

——伯顿·马尔基尔

事物在变，时局在变，真理也在变，这就需要我们不断地改变原有的认识，重新审视自己。认识自己并不容易，否定自己同样困难，人最容易自以为是和固执己见。成熟似乎是一件很残酷的事情，它代表青春不再、梦想褪色，男人的成熟更多的是一种沧桑。从思考能力的角度讲，成熟的标志就是对“简单”有了新的认识和理解，能够从简单处寻找和发现真理。

每个人对成熟的认识和理解都是不相同的，因为人们的股市经历，文化程度，性格习惯，从事的职业，生活的环境等都决定了对事物观察和理解的千差万别，自然得出的结论也迥然不同。股市涨跌有自身的规律和特点，它是多种因素汇集后共同作用的结果，这些因素大到天文地理、政治体制、经济形势等，小到行业景气度、企业微观状况、决策者的能力等，所以市场永远是正确的，成熟的投资者必须明确这一点。在股市中，成功的投资者不超过10%，如何从失败的90%转变为成功的10%？方法有很多，但学会控制风险是必须的，回避和抵触亏损是不成功的投资者中几乎人人都有的心态。

证券市场100多年的发展造就了很多金融骄子和股市大鳄，但他们都不是百战百胜，只是大胜小败。在市场中投资者即使经历了牛熊轮替的考验，熟知股市的著名理论，具有良好的心态等，也会在不经意间陷入泥潭，在强大的市场面前，投资者往往显得非常脆弱和渺小。成熟的投资者知道不存在完胜市场的理论和技术。成熟的投资者会不断地去校正自我，顺势而为，学会用辩证的观点去看待市场，时刻不忘用相反理论去思考市场。如果说股市投资复杂，可以说比任何事物都要复杂，因为它不仅需要投资者的知识、方法、心态等，更需要胆量和潜意识。股市理论五花八门，技术分析指标成百上千，很容易让人眼花缭乱、不知所措。成熟的投资者就是大道至简，把复杂的问题简单化，通过实践与理论的有机结合，总结出符合自己人性特点的操作方法。

第12章　苦闷求索

我们知道任何金融交易都是信用交易，都是对信用风险的定价，都是以合约的方式来连接。股票作为一种金融合约，是对未来收入流风险的预期定价。但它和一般金融合约又有不同，一是股市作为一种标准化的合约，可以在任何人之间流通，具有一般性交易价值，其流通性仅差于货币（有市场限制）；二是交易双方可以在完全陌生的人之间进行。既然股票的价格取决于未来收入流的定价，这不仅为投资提供了无穷无尽的想象，也为投机炒作提供了广阔的空间。在股市，如果出现不法行为不仅容易让投资者上当受骗，而且其深度与广度是其他金融交易不可比拟的。因此，股市对合约执行和权益保护的要求远比一般金融交易要高，法治的要求也要高。

A 股市场散户千千万万，散户的对立面就是所谓的“主力”。散户想要赚钱，必须弄清楚主力在想什么。众所周知，主力操盘必须经过吸筹、洗盘、拉升、派发四个主要阶段。吸筹和洗盘阶段，主力会利用各种手段让你信心尽失，乖乖交出廉价筹码，如利用大盘的下跌砸盘，或者传出该股不利的消息。派发阶段，主力希望散户去接盘，因此，利好接踵而至。精明的散户会识破主力伎俩，抓住震仓和拉升的良机，享受让主力抬轿的快乐时光。

真正能成为股市高手，估计需要 N 年时间的成熟期，因为股市的变化莫测让人本已为的经典规律荡然无存，或许真有极少数精英们能做到处变不惊、闲看大盘潮涨潮落的境界。总结我从事股票投资十几年的坎坷经历，肯定无法达到这种处变不惊、进退自如的状态。虽然我们经常听到专家说在股市一定需要学会止损，这句话听起来容易，做起来困难，因为当你不知道后来的行情如何演绎时，你是很难做出这个决定的，除非你有 100%的把握确认你持有的股票会下跌。当走势真正能让你看懂时，你可能已经亏损不少了，这个时候你真能做到潇洒地挥泪告别吗？我想可能性比较小，除非你就是这个下跌的始作俑者。

股市有风险，这是不容置疑的，正因为这种风险，才引来了一代又一代不怕死的股民，风险与收益的正比关系是永恒不变的真理。只是我们进入股市的每个人都希望自己能战胜这种风险，最终实现自己的财富梦想。因此，我们需要了解风险、警惕风险、控制风险，进而规避大的风险。记住这样一句投资格言："把风险放在心上，利润才会伴随自己。"

股市本就是一种"赌博"，只是这个赌博的过程更耐人寻味，它不仅需要知识、策略、胆识、心志，更需要运气。股市不创造价值，我们财富的增值来自于对方的失误，每个人都有恐惧和贪婪心理，只是在某个阶段谁能坚持到最后。人性的弱点永远是我们的最大敌人。恐惧、怀疑、犹豫、后悔、浮躁、冲动、侥幸、贪婪、幻想将伴随我们整个股市生涯。在金钱游戏的竞技场上，最容易受到他人情感变化而影响到自己的情绪，无法自我控制，贸然建仓，或者不能够忍受损失，斩仓在"地板价"上的事情经常发生。不同的股票或同一只股票在不同阶段有不同的预期，"看对不赚钱，做对才盈利"，没有成功卖出，所有利润都是纸上富贵，不以涨喜，不以跌悲。

但凡进入股市的股民，谁不愿获得高收益？理论上，只要低价买、高价卖就能获得高收益。什么时候是低、什么时候是高就大有学问了。究竟在哪个时段何种价位买和卖，这不仅需要对大盘及个股的精准判断，更需要个人丰富的操作技巧。不同的人对股市炒作有不同的方法，实践经验是唯一成熟的武器，或许这个实践包含你许多辛酸、苦闷，甚至失败。曾经有人说，最好的股市绝招是你坚持白天 4 小时的交易时间盯盘，晚上复盘研究 2 小时，星期天再花 8 小时总结全周的情况。长此以往，或许你的心率跳动可以同股市的涨跌出现共振，最终达到“天人合一”的境界。

第13章 风水轮流转

风水轮流转就是说好运不会永远属于你，好事不会永远都降临到你头上。人的一生不可能永远都是一帆风顺的，跌宕起伏是人生的真实写照，俗话说得好，“三十年河东，三十年河西”。针对证券市场中众多的上市公司，至少这三个方面是我们必须熟记心间的，那就是产品生命周期，企业生命周期，行业生命周期。

产品生命周期理论是美国哈佛大学教授费农1966年在其《产品周期中的国际投资与国际贸易》一文中首次提出的。费农认为，产品生命是指在市场上的营销生命，产品和人的生命一样，要经历形成、成长、成熟、衰退这样的周期，而这个周期在不同技术水平的国家里，发生的时间和过程不一样，其间存在一个较大的差距和时差，正是这一时差，表现为不同国家在技术上的差距，它反映了同一产品在不同国家市场上的竞争地位的差异，从而决定了国际贸易和国际投资的变化。费农还把产品生命周期分为三个阶段，即新产品阶段，成熟产品阶段和标准化产品阶段。在新产品阶段，创新国利用其拥有的垄断技术优势，开发新产品，由于产品尚未完全成型，技术上未加完善，市场竞争不激烈，替代产品少，产品附加值高。成熟产品阶段，由于创新国技术垄断和市场寡占地位的打破，市场竞争激烈，替代产品增多，产品的附加值不断走低，为降低成本，提高经济效益，企业纷纷到发展中国家投资建厂。标准化产品阶段，产品的生产技术、生产规模及产品本身已经完全成熟，这时对生产者技能的要求不高，原来新产品企业的垄断技术优势已经消失，成本、价格因素已经成为决定性的因素，这时发展中国家已经具备明显的成本因素优势，创新国和一般发达国家为进一步降低生产成本，开始大量地在发展中国家投资建厂，再将产品远销至别国和第三国市场。

美国人伊查克·爱迪斯曾用20多年的时间研究企业如何发展、老化和衰亡。他写了《企业生命周期》，把企业生命周期分为十个阶段，即：孕育期、婴儿期、学步期、青春期、壮年期、稳定期、贵族期、官僚化早期、官僚期、死亡。爱迪斯准确生动地概括了企业生命不同阶段的特征，并提出了相应的对策，指示了企业生命周期的基本规律，提示了企业生存过程中基本发展与制约的关系。企业生命周期理论的研究目的就在于试图为处于不同生命周期阶段的企业找到能够与其特点相适应，并能不断促其发展延续的特定组织结构形式，使得企业可以从内部管理方面找到一个相对较优的模式来保持企业的发展能力，在每个生命周期阶段内充分发挥特色优势，进而延长企业的生命周期，帮助企业实现自身的可持续发展，在激烈的竞争中立于不败之地。

产品生命周期

产品生命周期，是指产品的市场寿命。一种产品进入市场后，它的销售量和利润都会随着时间的推移而改变，呈现一个由少到多、由多到少的过程，就如同人的生命一样，由诞生、成长、成熟、衰亡组成，这就是产品的生命周期现象。

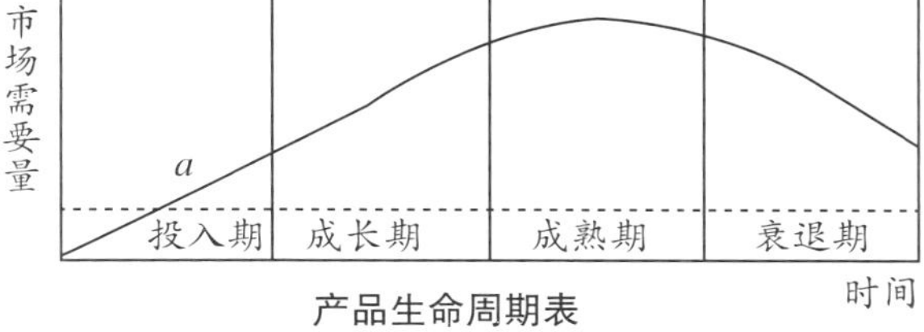

产品生命周期表

产品生命周期分为:投入期、成长期、成熟期和衰退期四个阶段,如图所示。随着时间推移,绝大多数产品的市场需要量将经历逐渐增长至一个最高点后再逐步下降的过程。图中 α 点为盈亏分界点。典型的产品生命周期一般可分为四个阶段,即介绍期(或引入期)、成长期、成熟期和衰退期。

1.介绍(投入)期。新产品投入市场,便进入介绍期。此时,顾客对产品还不了解,只有少数追求新奇的顾客可能购买,销售量很低。为了扩展销路,需要大量的促销费用,对产品进行宣传。在这一阶段,由于技术方面的原因,产品不能大批量生产,因而成本高,销售额增长缓慢,企业不但得不到利润,反而可能亏损。产品也有待进一步完善。在产品的介绍期,一般可以由产品、分销、价格、促销四个基本要素组合成各种不同的市场营销策略。仅将价格高低与促销费用高低结合起来考虑,就有下面四种策略。

(1)快速撇脂策略。即以高价格、高促销费用推出新产品。实行高价策略可在每单位销售额中获取最大利润,尽快收回投资;高促销费用能够快速建立知名度,占领市场。

(2)缓慢撇脂策略。以高价格、低促销费用推出新产品,目的是以尽可能低的费用开支求得更多的利润。

(3)快速渗透策略。以低价格、高促销费用推出新产品。目的在于先发制人,以最快的速度打入市场,取得尽可能大的市场占有率。然后再随着销量和产量的扩大,使单位成本降低,取得规模效益。

(4)缓慢渗透策略。以低价格、低促销费用推出新产品。低价可扩大销售,低促销费用可降低营销成本,增加利润。

2.成长期。新产品经过市场介绍期以后,消费者对该产品已经熟悉,消费习惯业已形成,销售量迅速增长,这种新产品就进入了成长期。进入成长期以后,老顾客重复购买,并且带来了新的顾客,销售量激增，企业利润迅速增长，在这一阶段利润达到高峰。随着销售量的增大，企业生产规模也逐步扩大，产品成本逐步降低，竞争者看到有利可图，将纷纷进入市场参与竞争，使同类产品供给量增加，价格随之下降，企业利润增长速度逐步减慢，最后达到生命周期利润的最高点。随着竞争的加剧，新的产品特性开始出现，产品市场开始细分，分销渠道增加。针对成长期的特点，企业为维持其市场增长率，延长获取最大利润的时间，可以采取下面几种策略。

(1)改善产品品质。如增加新的功能，改变产品款式，发展新的型号，开发新的用途等。

(2)寻找新的细分市场。通过市场细分，找到新的尚未满足的细分市场，根据其需要组织生产，迅速进入这一新的市场。

(3)改变广告宣传的重点。把广告宣传的重心从介绍产品转到建立产品形象上来，树立产品名牌，维系老顾客，吸引新顾客。

(4)适时降价。在适当的时机，可以采取降价策略，以激发那些对价格比较敏感的消费者产生购买动机和采取购买行动。

3.成熟期。市场需求趋向饱和，潜在的顾客已经很少，销售额增长缓慢直至转而下降，标志着产品进入了成熟期。进入成熟期以后，产品的销售量增长缓慢，逐步达到最高峰，然后缓慢下降；产品的销售利润也从成长期的最高点开始下降；市场竞争非常激烈，各种品牌、各种款式的同类产品不断出现。对成熟期的产品，宜采取主动出击的策略，使成熟期延长，或使产品生命周期出现再循环，可以采取以下三种策略。

(1)市场调整。这种策略不是要调整产品本身，而是发现产品的新用途、寻求新的用户或改变推销方式等，以使产品销售量得以扩大。

(2)产品调整。这种策略是通过产品自身的调整来满足顾客的不同需要，吸引有不同需求的顾客。

(3)市场营销组合调整。即通过对产品、定价、渠道、促销四个市场营销组合因素加以综合调整,刺激销售量的回升。常用的方法包括降价、提高促销水平、扩展分销渠道和提高服务质量等。

4. 衰退期。随着科学技术的发展,新产品或新的代用品出现,将使顾客的消费习惯发生改变,转向其他产品,从而使原来产品的销售额和利润额迅速下降。于是,产品又进入了衰退期。衰退期的主要特点是:产品销售量急剧下降;企业从这种产品中获得的利润很低甚至为零;大量的竞争者退出市场;消费者的消费习惯已发生改变等。面对处于衰退期的产品,通常有以下几种策略可供选择。

(1)继续策略。继续沿用过去的策略,仍按照原来的细分市场,使用相同的分销渠道、定价及促销方式,直到这种产品完全退出市场为止。

(2)集中策略。把企业能力和资源集中在最有利的细分市场和分销渠道上,从中获取利润。

(3)收缩策略。抛弃无希望的顾客群体,大幅度降低促销水平,尽量减少促销费用,以增加目前的利润。

(4)放弃策略。对于衰退比较迅速的产品,应该当机立断,放弃经营。

特殊的产品生命周期

特殊的产品生命周期包括风格型产品生命周期、时尚型产品生命周期、热潮型产品生命周期、扇贝形产品生命周期四种特殊的类型,它们的产品生命周期曲线并非通常的S型。

一、风格。是一种在人类生活基本但特点突出的表现方式。风格一旦产生,可能会延续数代,根据人们对它的兴趣而呈现出一种循环再循环的模式,时而流行,时而又可能并不流行。

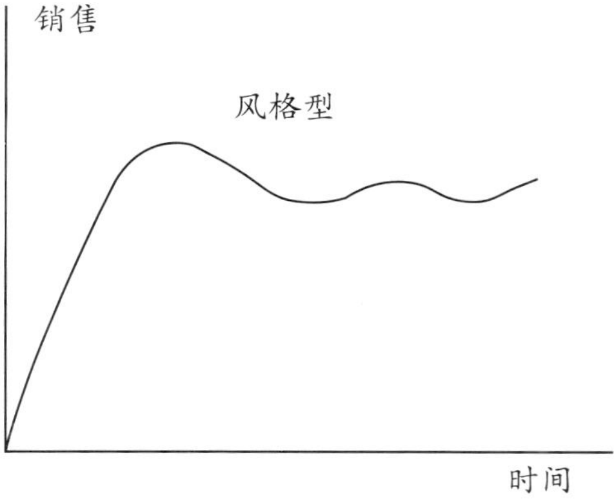

风格型产品生命周期

二、时尚。是指在某一领域里，目前为大家所接受且欢迎的风格。时尚型的产品生命周期特点是，刚上市时很少有人接纳（称之为独特阶段），但接纳人数随着时间慢慢增长（模仿阶段），终于被广泛接受（大量流行阶段），最后缓慢衰退（衰退阶段），消费者开始将注意力转向另一种更吸引他们的时尚。

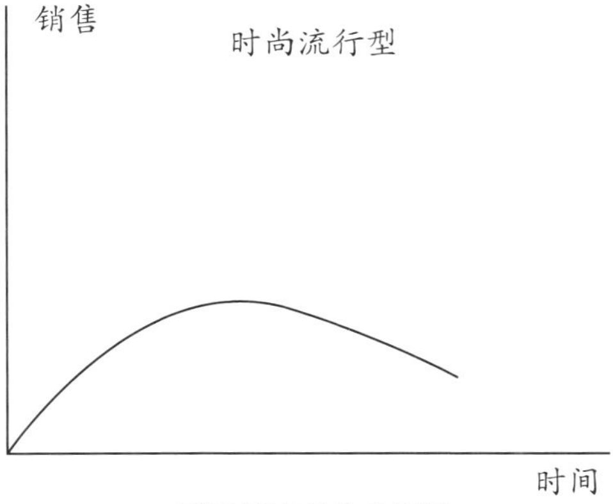

时尚型产品生命周期

三、热潮。是一种来势汹汹且很快就吸引大众注意的时尚，俗称时髦。热潮型产品的生命周期往往快速成长又快速衰退，主要是因为它只是满足人类一时的好奇心或需求，所吸引的只限于少数寻求刺激、标新立异的人，通常无法满足更强烈的需求。

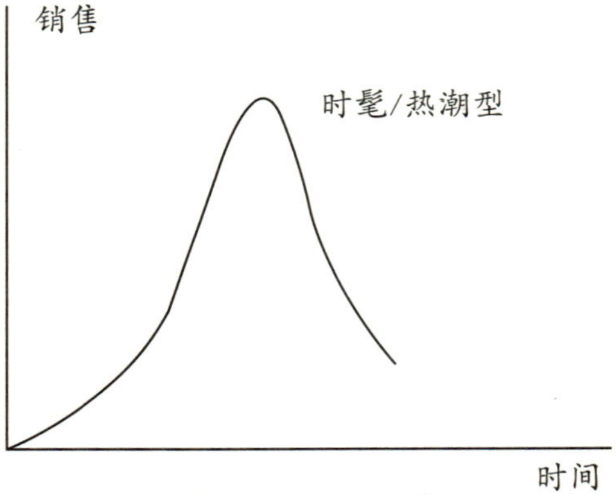

热潮型产品生命周期

四、扇贝。扇贝型产品生命周期主要指产品生命周期不断地延伸再延伸，这往往是因为产品创新或不时发现新的用途。

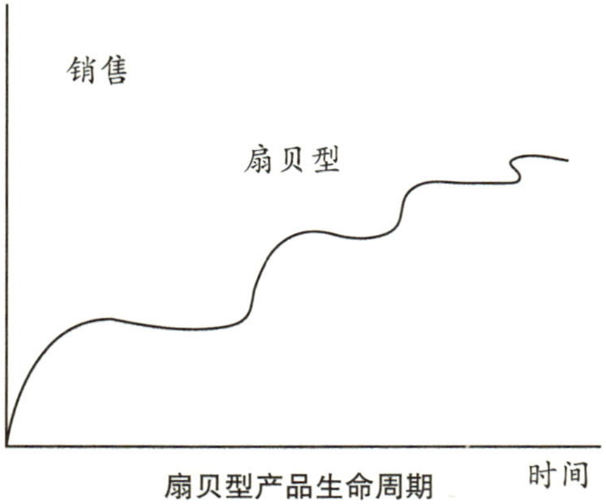

扇贝型产品生命周期

企业生命周期

世界上任何事物的发展都存在着生命周期,企业也不例外。企业生命周期如同一双无形的巨手,始终左右着企业发展的轨迹。企业是一个有生命力的有机体，成长和发展是企业所追求的永恒主题,任何一个企业从其诞生的那一刻起,就有追求成长和发展的内在冲动。企业在成长过程中会经历具有不同特点和危机的若干发展阶段,这要求企业在各个方面实施不断的变革与之相适应,其中尤以企业组织结构形式为重。企业组织结构与企业特定成长阶段的适应性强弱,关系到整个企业的应变能力和管理效率,直接影响着企业经营效果的好坏和目标的实现，只有适应企业特定成长阶段的组织结构才能促进企业健康持续地成长与发展。然而,真实的情况要微妙得多，给那些真正理解这一过程的企业提供了更多的机会,同时也更好地对未来可能发生的危机进行规避。

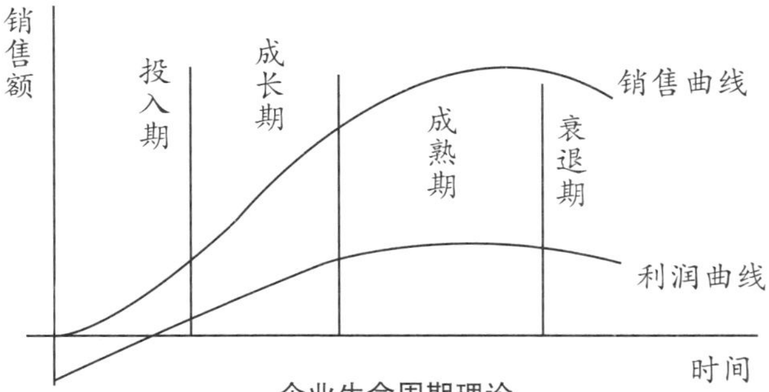

企业生命周期理论

转型企业生命周期

爱迪斯画了一条像山峰轮廓的企业生命周期曲线。据说这条曲线可以延续几十年甚至上百年，而实际上很多企业没有走完这条完美的曲线就消失了。有的仅仅几年、十几年还在成长期就夭亡了。原因是企业成长中会遇到许多陷阱,企业没有跳过去。很多企业面临的最大问题是“第二次或第三次创业”的陷阱,尤其是民营企业。这时企业基本上已经发展起来了,处在学步期或青春期,将要从创业型转为管理型,进行较大的跳跃。爱迪斯指出的创办人或家族陷阱,也正是现在民企关心的如何超越家族制的问题,而这恰恰是企业最危险的一个陷阱。

发展中企业生命周期

还有一些做得比较大,可以说进入青春期的企业,也遇到了成长的困惑。企业发展到一定程度,再也难有增长,似乎冥冥中有一种力量制约和摆布着自己的命运,左冲右突,难以脱离这个怪圈。实际上是企业长期停滞在粗放经营和管理上,缺乏留住人才和培育人才的机制,落后的管理和组织机构制约了企业的发展。

企业生命周期变化规律是以12年为周期的长循环。它由4个不同阶段的小周期组成,每个小周期为3年。如果再往下分,一年12个月可分为4个微周期,每个微周期为3个月。该规律的行业特征不太明显,适用于各种行业,甚至大部分商业现象。由于不同的企业存在着不同的生命周期,不同的生命周期体现不同的变化特征。尽管它们有共同的规律,但在4个不同周期阶段变化各异,各自的发展轨迹也不同。这些不同的变化特征归纳为如下三种变化。

1.普通型。周期运行顺序:上升期(3年)→ 高峰期(3年)→平稳期(3年)→ 低潮期(3年)。普通型变化最为常见,60%左右的企业属于这种变化。它的4个小周期的运行相对比较稳定,没有大起大落。属于普通型变化的企业,即使经营业绩平平,但只要在低潮期不出现大的投资失误,一般都能比较顺利地通过4个小周期的循环。

2.起落型。周期运行顺序:上升期(3年)→ 高峰期(3年)→低潮期（3 年）→平稳期（3 年）。起落型变化比较复杂，不易掌握，属于盛极而衰，大起大落之类型。这类变化企业的比例约占 20%。它的运行轨迹在周期转换过程中突发剧变，直接从高峰落入低谷。处于这个周期阶段的企业，经营者一般都会被眼前的所迷惑，错误估计形势，拼命扩大投资规模，准备大干一场。殊不知这种投资决策的失误，结果导致前功尽弃，甚至全军覆没。

3.晦暗型。周期运行顺序：下落期（3 年）→低潮期（3 年）→高峰期（3 年）→平稳期（3 年）。名曰晦暗，隐含韬晦之意。这类变化的企业与上述两类变化相比，运转周期中减少一个上升期，多出一个下落期。这就表明在 12 年 4 个小周期的循环中，这类企业可供发展的机会少了 3 年，而不景气的阶段多出 3 年。这类企业的比例约占 20%。

一个正常运作的企业，如果处于不景气的低迷状态中达 6 年之久，不光众人士气低落，企业决策者也面临严峻的考验。这个周期阶段的企业决策者，容易产生以下两种心态：一是彻底悲观失望，对前途失去信心，不想作任何努力，任企业自生自灭；另一种则出于孤注一掷的赌徒心理，拼命扩大投资，采取破釜沉舟、背水一战的方式来挽救败局。这种急功近利的做法，不但于事无补，反而在陷阱中越陷越深。

晦暗型变化的企业虽有诸多弊端，但也具备独特的优势，它在经历下落和低潮两个小周期阶段的低位循环后，运行轨迹突发剧变，直接从低谷冲上高峰。鉴于这个变化特点，企业决策者要权衡利弊，扬长避短，充分利用这一优势，把不利转化为有利因素。企业处于低潮，固然不利，但从另一角度分析，这段时间也给企业提供了一个休养生息、调整组合的大好机会，采用相应的战略调整，着眼于中长期目标的投资。

行业生命周期

行业生命周期指行业从出现到完全退出社会经济活动所经历的时间。行业的生命发展周期主要包括四个发展阶段:幼稚期,成长期,成熟期,衰退期。如图所示。行业的生命周期曲线忽略了具体的产品型号、质量、规格等差异,仅仅从整个行业的角度考虑问题。行业生命周期可以从成熟期划为成熟前期和成熟后期。在成熟前期,几乎所有行业都具有类似S形的生长曲线,而在成熟后期则大致分为两种类型:第一种类型是行业长期处于成熟期,从而形成稳定型的行业,如图中右上方的曲线1;第二种类型是行业较快地进入衰退期,从而形成迅速衰退的行业,如图中的曲线2。判断行业所处生命周期阶段的主要指标有:市场份额、需求增长率、产品品种、竞争者数量等。识别行业生命周期所处阶段的主要指标有:市场增长率、需求增长率、产品品种、竞争者数量、进入及退出壁垒、技术变革、用户购买行为等。

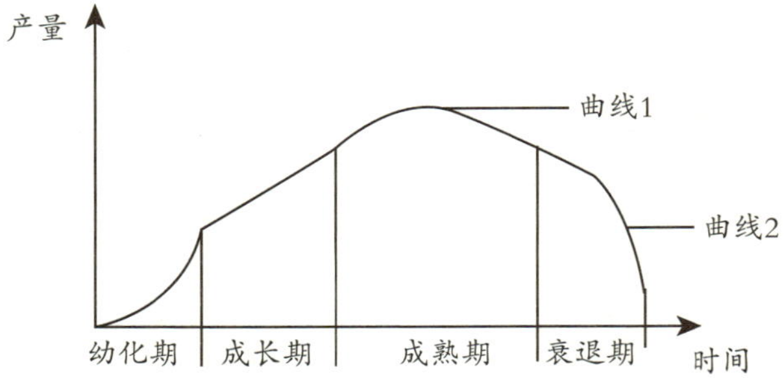

周期阶段

1.幼稚期。行业幼稚期形成的方式有三种:分化、衍生、新生长。分化是指新行业从原行业中分离出来,分解为一个独立的新行业,比如电子工业从机械工业中分化出来, 石化行业从石油工业中分化出来等。衍生是指出现与原有行业相关、相配套的行业,如汽车业衍生出来的汽车修理业，房地产业衍生出来的房地产咨询业等。新生长方式是指新行业以相对独立的方式进行，并不依附于原有行业。这种行业往往是科学技术产生突破性进步的结果。比如生物医学、生物工程、海洋产业。创业公司财务上可能不但没有盈利，反而普遍亏损。这类企业更适合投机者和创业投资者。

这种行业的生产往往是科学技术产生突破性进步的结果，经常萌芽于实验室或者科技园区，例如生物医药、生物工程、海洋产业等。在这一阶段，由于新行业刚刚诞生或初建不久，只有为数不多的投资公司投资于这个新兴的行业。另外，创业公司的研究和开发费用较高，而大众对其产品尚缺乏全面了解，致使产品市场需求狭小，销售收入较低，因此这些创业公司财务上可能不但没有盈利，反而出现较大亏损。同时，较高的产品成本和价格与较小的市场需求之间的矛盾使得创业公司面临很大的市场风险，而且还可能因财务困难而引发破产风险。因此，这类企业更适合投机者和创业投资者。在幼稚期后期，随着行业生产技术的成熟、生产成本的降低和市场需求的扩大，新行业便逐步由高风险、低收益的幼稚期迈入高风险、高收益的成长期。

2.成长期。行业的成长实际上就是行业的扩大再生产。判断行业成长能力的 6 个方面：(1)需求弹性；(2)生产技术；(3)产业关联度；(4)市场容量与潜力；(5)行业在空间的转移活动；(6)产业组织变化活动。这时期的行业增长非常迅猛，部分优势企业脱颖而出，投资于处于成长期企业的投资者往往获得较高的投资回报，所以成长期阶段有时被称为投资机会时期。一旦一个行业已经形成并快速地发展，便进入了成长期。大多数企业因为拥有高增长率而在行业中继续生存。通过专利权或其他扩产和降低成本的方式来设置阻止竞争进入行业的“进入壁垒”也非常重要。

3.成熟期。成熟期的标志为技术上、产品上、生产工艺、产业组织的成熟。行业成熟首先表现为技术上的成熟，即行业内企业普遍采用的是适用的且至少有一定先进性、稳定性的技术。其次表现为产品的成熟。产品的成熟是行业成熟的标志。

行业的成熟期是一个相对较长的时期。具体来看,各个行业成熟期的时间长短往往有所区别。一般而言,技术含量高的行业成熟期历时相对较短,而公用事业行业成熟期持续的时间较长。行业处于成熟期的特点主要有:(1)企业规模空前、地位显赫,产品普及程度高;(2)行业生产能力接近饱和,市场需求也趋于饱和,买方市场出现;(3)构成支柱产业地位,其生产要素份额、产值、利税份额在国民经济中占有一席之地。但通常在短期内很难识别一个行业何时真正进入成熟期。在行业成熟期,行业增长速度降到一个适度水平。在某些情况下,整个行业的增长可能会完全停止,其产出甚至下降。行业的发展很难较好地保持与国民生产总值同步增长。当然,由于技术创新、产业政策、经济全球化等各种原因,某些行业可能会在进入成熟期之后迎来新的增长。

4.衰退期。行业衰退是客观的必然,是行业经济新陈代谢的表现。行业衰退可以分为自然衰退和偶然衰退。自然衰退是一种自然状态下到来的衰退。偶然衰退是指在偶然的外部因素作用下,提前或者延后发生的衰退。行业衰退还可以分为绝对衰退和相对衰退。绝对衰退是指行业本身内在的衰退规律起作用而发生的规模萎缩、功能衰退、产品老化。相对衰退是指行业因结构性原因或者无形原因引起行业地位和功能发生衰减的状况，而并不一定是行业实体发生了绝对的萎缩。例如电视业的崛起,导致了电影业的相对衰退,公路业的发展也促使了航运业的相对衰退等等。衰退期出现在较长的稳定期之后。由于大量替代品的出现,原行业产品的市场需求开始逐渐减少,产品的销售量也开始下降,某些厂商开始向其他更有利可图的行业转移资金,因而原行业出现了厂商数目减少、利润水平停滞不前或不断下降的萧条景象。至此,整个行业便进入了衰退期。但在很多情况下,行业的衰退期往往比行业生命周期的其他三个阶段的总和还要长,大量的行业都是衰而不亡,甚至会与人类社会长期共存。例如,钢铁业、纺织业在衰退,但是人们却看不到它们的消亡。烟草业更是如此,难有终期。

每个行业都会经历一个对行业的当前业绩和未来前景产生影响的生命周期。但是,许多行业往往会通过使用新技术而得以更新或再成长,而不会像某些特定产品或服务那样走向衰退。在制定企业战略时,了解行业所处的生命周期属于哪个阶段是非常重要的一个考虑因素。行业的生命周期与产品的生命周期有所不同,因为行业的存在期比任何单一产品都要长。行业进入衰退期之后,会出现行业生产能力过剩,技术被模仿后出现的替代产品充斥市场,市场增长率严重下降,产品品种减少,行业的活动水平随着各公司从该行业中退出而下降等情况。最终,某一行业可能不复存在或被并入另一行业。

迈克尔·波特提出了最具影响力的战略分析模型——五力模型,用以确定企业在行业中的竞争优势和行业可能达到的最终资本回报率。可以使用五力模型来识别影响企业的关键因素,从而确定可获得的机会和应考虑的威胁。但是,行业的高盈利能力并不意味着行业中所有的企业都会拥有相似的盈利能力。企业应该综合考虑和评估行业盈利能力之后,才能评估企业的盈利能力。这五力分别是:(1)行业新进入者的威胁;(2)供应商的议价能力;(3)购买商的议价能力;(4)替代产品的威胁;(5)同业竞争者的竞争强度。波特认为,这五种竞争驱动力决定了企业的最终盈利能力。

(1)行业新进入者的威胁

新进入者越容易进入行业市场,当前行业的获利能力就越容易被削弱。新进入行业的企业会对现有的竞争者构成威胁,削弱现有企业产生理想财务回报率的能力,分割市场份额并激化市场竞争。新进入者通常会采取降低产品价格、引入有特色的新产品或提高服务质量等策略来赢得市场份额。

（2）供应商的议价能力

供应商，是指那些向行业提供产品或服务的企业、群体或个人，也包括劳动力和资本的供应商。供货商的威胁手段有两类：一是提高供应价格；二是降低供应产品或服务的质量。这些手段可以使下游行业利润下降。许多因素会提高供应商在行业中的议价能力，从而降低公司在行业中的盈利性。

（3）购买商的议价能力

购买商是指该行业的客户或客户群，包括该行业的客户和寻求低成本以提高其自身利润或获取更好货源的分销商，希望为其消费者获得更多好处的政府机构或其他非营利性组织，或希望以较低价格买入优质产品的个人消费者。购买商可能会要求降低产品价格，提高产品质量和获得更多的优质服务，其结果是使行业竞争更加激烈，导致行业利润下降。

（4）替代产品的威胁

替代产品，是指可由其他企业生产的产品或提供的服务，它们具有的功能大致与现有产品或服务的功能相似，可满足消费者同样的需求。购买商所面临的替代产品越多，其议价能力就越强。

（5）同业竞争者的竞争强度

同业竞争者的竞争强度，是指行业现有竞争者之间的竞争程度。一个企业的行为可能会引来另一个竞争对手采取相应的行为。竞争亦会令企业看到其需要改善地位的机会，以增强自身的竞争力。

投资行为发生前，投资者应当仔细研究公司所处的行业生命周期阶段，分析行业的投资价值和投资风险。判断某行业的阶段时，应考察这些方面，如行业规模、产出增长率、利润率水平、技术进步和技术成熟程度、开工率、从业人员的职业化水平和工资福利收入水平、资本进退等。

第 14 章　经济周期与股市周期

从自然科学的角度观察，物质的运动，都有其周期性规律，大到天体运动，小到微观粒子；从社会科学的角度观察，人类社会也存在着大量的周期现象。并且周期也是在运动中不断变化的。股市作为社会科学的一个微观部分，也存在着大量的周期现象。经济周期对股市周期有不可抗拒的影响，已为人们广泛认同。人们对股市的周期现象进行了广泛深入地探索，至今已形成了一些经典理论。

股票的涨跌直接来自人们的买和卖，这种买和卖形成的资金流中的主流资金的意愿，决定股价的涨跌方向。股市周期是由股市内资金流所决定的，不同的资金流决定不同的股市周期。

中国股市的运行周期有其独特的内在规律，这一规律与通行的江恩理论、费波那兹数列等理论都有所不同，中国股市的周期规律是在特殊的市场形态、不成熟的投资主体以及偏重投机的投资理念等要素共同作用下形成的，是经济周期、政策周期、心理周期、市场周期共同作用的产物。因此，“股市是经济的晴雨表”这个现象在中国股市中体现不明显。

经济周期理论

经济周期是指经济运行的规律性波动。表现为经济增长、投资、失业率、物价、货币供应量、对外贸易等活动的增长率的波动。经济周期一般经过繁荣、衰退、萧条、复苏四个阶段。通常把经济周期分为长周期、中周期和短周期。长周期的长度平均为50年左右，又称康德拉耶夫周期；中周期的长度平均为8~10年，又称朱格拉周期；短周期的长度平均为40个月，又称基钦周期。

经济波动以经济中的许多成分普遍而同期地扩张和收缩为特征，持续时间通常为2~10年。现代宏观经济学中，经济周期发生在实际GDP相对于潜在GDP上升（扩张）或下降（收缩或衰退）的时候。每一个经济周期都可以分为上升和下降两个阶段。上升阶段也称为繁荣，最高点称为顶峰。衰退严重则经济进入萧条，衰退的最低点称为谷底。当然，谷底也是经济由衰转盛的一个转折点，此后经济进入上升阶段。经济从一个顶峰到另一个顶峰，或者从一个谷底到另一个谷底，就是一次完整的经济周期。

经济周期波动的扩张阶段，是宏观经济环境和市场环境日益活跃的季节。这时，市场需求旺盛，订货饱满，商品畅销，生产趋升，资金周转灵活方便。企业的供、产、销和人、财、物都比较好安排，企业处于较为宽松有利的外部环境中。经济周期波动的收缩阶段，是宏观经济环境和市场环境日趋紧缩的季节。这时，市场需求疲软，订货不足，商品滞销，生产下降，资金周转不畅，企业在供、产、销和人、财、物方面都会遇到很多困难，企业处于较恶劣的外部环境中。

经济周期的成因分析包括外因论和内因论。外因论认为，周期源于经济体系之外的因素——太阳黑子、战争、革命、选举、金矿或新资源的发现、科学突破或技术创新等等。内因论认为，周期源于经济体系内部——收入、成本、投资在市场机制作用下的必然现象。

外因论

1.太阳黑子理论。太阳黑子理论把经济的周期性波动归因于太阳黑子的周期性变化。据说太阳黑子的周期性变化会影响气候的周期变化，而这又会影响农业收成，而农业收成的丰歉又会影响整个经济。太阳黑子的出现是有规律的，大约每十年左右出现一次，因而经济周期大约也是每十年一次。该理论由英国经济学家杰文斯(W.S. Jevons)于1875年提出。

2.创新理论。创新是奥地利经济学家J·熊波特提出用以解释经济波动与发展的一个概念。所谓创新是指一种新的生产函数,或者说是生产要素的一种"新组合"。生产要素新组合的出现会刺激经济的发展与繁荣。当新组合出现时,老的生产要素组合仍然在市场上存在。新老组合的共存必然给新组合的创新者提供获利条件。而一旦用新组合的技术扩散,被大多数企业获得,最后的停滞阶段也就临近了。在停滞阶段,因为没有新的技术创新出现,因而很难刺激大规模投资,从而难以摆脱萧条。这种情况直到新的创新出现才被打破,才会有新的繁荣出现。总之,该理论把周期性的原因归之为科学技术的创新,而科学技术的创新不可能始终如一地持续不断地出现,从而必然有经济的周期性波动。

3.政治性周期理论。外因经济周期的一个主要例证就是政治性周期。政治性周期理论把经济周期性循环的原因归之为政府的周期性的决策(主要是为了循环解决通货膨胀和失业问题)。政治性周期的产生有三个基本条件:(1)凯恩斯国民收入决定理论为政策制定者提供了刺激经济的工具;(2)选民喜欢高经济增长、低失业以及低通货膨胀的时期;(3)政治家喜欢连选连任。

内因论

1.纯货币理论。该理论主要由英国经济学家霍特里(R.Hawtrey)在1913~1933年的一系列著作中提出的。纯货币理论认为货币供应量和货币流通度直接决定了名义国民收入的波动,而且极端地认为,经济波动完全是由于银行体系交替地扩张和紧缩信用所造成的,尤其以短期利率起着重要的作用。现代货币主义者在分析经济的周期性波动时,几乎一脉相承地接受了霍特里的观点。但应该明确肯定的是,把经济周期性唯一地归结为货币信用扩张与收缩是欠妥的。

2.投资过度理论。投资过度理论把经济的周期性循环归因于投资过度。由于投资过多，与消费品生产相对比，资本品生产发展过快。资本品生产的过度发展促使经济进入繁荣阶段，但资本品过度生产从而导致的过剩又会促进经济进入萧条阶段。

3.消费不足理论。消费不足理论的出现较为久远，早期有西斯蒙第和马尔萨斯，近代则以霍布森为代表。该理论把经济的衰退归因于消费品的需求赶不上社会对消费品生产的增长，这种不足又根据源于国民收入分配不公所造成的过度储蓄。该理论很大的缺陷是，它只解释了经济周期危机产生的原因，而没有说明其他三个阶段。因而在周期理论中，它并不占有重要位置。

4.心理理论。心理理论和投资过度理论是紧密相连的。该理论认为经济的循环周期取决于投资，而投资大小主要取决于业主对未来的预期，而预期却是一种心理现象，而心理现象又具有不确定性的特点，因此，经济波动的最终原因取决于人们对未来的预期。当预期乐观时，增加投资，经济步入复苏与繁荣，当预期悲观时，减少投资，经济则陷入衰退与萧条。随着人们情绪的变化，经济也就周期性地发生波动。

股市周期理论

构成股价涨跌变化的因素颇多，除了政治、经济、业绩等实质因素之外，人为等因素的变化，往往是促成股价涨跌的主要原因。虽说影响股价的因素颇多，无法把握，但一些精明的投资者，在长期统计和归纳之后，发现了有规则的周期性。

(1)低迷期：行情持续下跌，价格屡创低价，成交量稀少。一般市场人士对于远期大多持悲观的看法，不论主力或中小散户都是亏损累累，投资意愿降至冰点。许多投资者受不了这个时期的煎熬，纷纷举手投降，认赔抛出手中的股票，退出市场观望。但低迷期是真正具有眼光和实力的投资者进货的好时机，只要对事物有周期变化的观点，就不会被眼前的低迷吓倒，物极必反，这是事物发展不变的规律。

（2）青年涨升期：由于前段低迷期的长期盘跌已久，股价大多已经跌至不合理的低价，在此时买进的人因成本极低，大多都不会轻易卖出，而高价套牢未卖的人，因亏损严重，也不再出售，市场卖压大为减轻。此时的成交量大多呈现出不规则的递增状态，看空和看多的人士不相上下，平均成交量比低迷时期多出一半以上，少数龙头股的股价大幅上涨，多数股价呈现缓慢盘升的局面。此阶段也称作初升段。股价在初升段的末期，由于不少股票亦持续涨升，经过长期空头市场亏损的投资者，在好不容易略有获利或者保本的情况下，开始出局观望；而没有及时搭上车的人，开始进场。这样就形成了多空焦灼的状态，成交量较初升段也开始明显放大。因此，盘面的感觉是股价上涨至某一阻力位前就裹足不前；股价下跌至某一低位时，就有跌不动的感觉。在这个阶段，正是主力进货的时期，而大部分中小散户都是两手空空，处于隔岸观火的位置。

（3）壮年涨升期：即为一般所称的“主升段”。此时主力手上的股票特别多，市场的浮动筹码已大量减少，有心人利用各种利多消息将股价持续拉高，甚至于重复的利多消息一再公布，这个时期反应在股票市场上是人头攒动、证券交易大厅热闹非凡。由于股价节节上涨，不管内行还是外行，只要买进股票便能获利，做空头的信心已经动摇，并逐渐由空翻多，形成抢购的风潮，而股价会在此种情况下形成越涨越抢、越抢越涨的循环，甚至形成全面暴涨的局面。这时，大街小巷都是关于股市的话题，从来不知道股票为何物的外行人，在时常听到“某某的股票赚了多少”的鼓动下，也开始对股市产生兴趣。该阶段的特性，大多为成交量持续大量的增加，上涨的股票也逐渐地由强势股票延伸到冷门股票，冷门股票并又逐渐转势而列居于热门榜中，“轮做”的风气盛行。这个时候，由于主力获利丰厚，逐渐在市场上开始了结利润。

(4)老年涨升期:即一般所称的末升段。反映在证券市场上,除了人气一片沸腾之外,新股亦大量发行,而上涨的股票多为以前少有成交的冷门股,原先的热门股票反而开始有步履沉重的感觉。该期的成交量常破纪录地暴增,暴涨暴跌的现象屡有可见,投资大众手中大多拥有股票,期待着股价进一步上升,但是股价的涨升却显得步履蹒跚,而反映在成交量上面的,便常有股价上升但成交量减少,股价下跌但成交量反而增加。

(5)下跌幼年期:即为K线理论上的渐落期,也称初跌期或者逃命期。由于多数股价都已偏高,欲涨乏力的结果,不少投资人在较难获利之余开始反省。此时主力多头均已出货不少,套得饱饱的中小散户们心里虽然产生犹豫,但还是期望着行情仅是回档,期待着另一段涨升的到来,甚至补仓的实例也到处可见。该期由于成交量的暴减,再加上部分浮筹的赔本抛售,使得多数股价的跌幅已深。高价卖出者和企图摊平高档套牢的多头们相继进场,企图挽回市场的颓势,加上部分短空的补货,使得股价止跌而转向坚挺,但由于反弹后抢高价者已具戒心,再加上部分短线者的获利回吐,使得股价欲涨乏力,于是弹升之后又再度滑落。

(6)下跌壮年期:一般称为主跌段行情,此时大部分股价跌幅渐深,利空消息满天飞,股价下跌速度甚快,甚至有连续几个跌停板都卖不掉的。以前套牢持股不卖的人信心也开始动摇,成交量逐渐缩小,不少多头于失望之余纷纷卖光股票退出市场,而做多的中小散户也开始试着做点小空。

(7)下跌老年期:即称末跌段,有人称之沉衰期。此时股价跌幅已深,高价套牢要卖的已经卖光了,未卖的也因赔得太多,而宁愿抱股等待。该阶段的成交量很少是其特色之一,股价的跌幅已经缩小,散户浮空到处可见,多数股票只要一笔买进较多股数的话,便可涨上好几档,但在没有支撑和继续买进的话,不久则又将回跌还原。股市投资大众手上大多已无股票或者深度套牢,无法动弹。

第15章　波段理论

波段操作，也称为选时操作，是指投资股票的人在价位高时卖出股票，在低位时买入股票的投资方法。股市中单边上扬和直线下跌的行情并不多见，大多是涨高了会调整，跌深了会反弹，散户可以结合股市的客观实际，采用波段操作来盈利。

波段操作是针对目前国内股市呈波段性运行特征所采取的有效操作方法，波段操作是一种成功率比较高的方式。这种灵活应变的操作方式还可以有效回避市场风险，保存资金实力和培养市场感觉，用“投资的眼光来进行投机”。

长线与短线之争

炒股的方法形形色色，持股的方式多种多样。巴菲特告诫我们，做股票只能做长线，找到“便宜”的资产，然后在其被低估的时候买入并一路持有，就一定能够获利。但是什么样的资产才是“便宜”的？什么时候才是“被低估”的？有没有足够的时间去等？这三个问题普通投资者很难搞清楚，因此，我们盲目套用大师的理论可能会让自己的真金白银去买“套”，被套上几年，实在熬不住了，最终只能割肉走人。中国石油就是最明显不过的例子，从 2007 年上市的最高价 48.62 元跌到 10 元以下，这是许多人都没想到的，也无法想象，在这个持续下跌过程中，每一次反弹都是出货的良机。

记得我姐夫的妹妹曾经在 36 元买了中石油这只股票，当我姐夫知道这件事后，急忙叫他妹妹卖了，中石油的股本太大，在中国这个以散户为主的市场中，能撬动它吗？还好，他妹妹听信了，最终在30元附近卖了，虽然实际亏损了，但相对于后来的10元又是多么庆幸的一件事呀！其实，世界上任何一个股票市场，一味地追求长线投资，同样也可能“坐电梯”，巴菲特的成功是因为它当初选择的长线标的很不错。就拿美国的纳斯达克市场来说，如果指数涨到五千多点的时候，不抛出股票，幻想着长线投资抱个更大的金娃娃回家，当它狂泻到一千点时，金凤凰照样变成了土山鸡。中国人比较熟悉的搜狐在纳斯达克市场上不也从一百多美元跌到了几十美分的超低价吗？

长线投资者能够赚钱是事实，但需要有真正的“长线股票和长线时间”。或许你对某个行业很有研究，对行业的前景自然有非局外人能看得到的前瞻性看法，然后买入，学巴菲特一样耐心持有等待收获。但这种情形在美国等西方发达国家可行，而在中国这个市场经济不健全、法制还不完善的国家，你很难看到一个经久不衰的行业或者公司，曾经风靡市场的四川长虹最终不也走下了“太阳最亮、长虹最红”的神坛。而像云南白药、小商品城这种一直持续创历史新高的股票毕竟是少数，几千只股票就那么几只，这同买彩票差不了多少，千千万万的股民中没有几人能够幸运地拥有它的。“世上没有不散的宴席，更没有只涨不跌的股票。”

大多数投资者必须想清楚，自己能够做多长的长线，5年、10年或一辈子？这就像你爱一个人一样，你能保证爱她一辈子，不管贫穷和富有都不离不弃吗？很多人可能在热恋和新婚燕尔时能做到，时间稍长就难说了，不然怎么会有“7年之痒，8年之痛”的说法呢？结婚时的海誓山盟随着时间的推移、岁月的磨砺就会变得没有感觉，劳燕分飞、各奔东西成了许多家庭的现实写照。这样的故事太多了，不管是在爱情世界里，还是在股票市场中，可以说一抓一大把，更别说一个人长时间持股不动摇，真正能在股市中存活10

年以上的股民可能寥寥无几，一代新人换旧人是中国股市特有的现象。有人拿着股票说做长线，你问他有没有预计到什么时候能盈利，他说是给儿子买的，或者给孙子买的，其实就是自欺欺人的托词，因为他们已经成了股市的牺牲品，长线套牢了。这样的长线算不算得上长线投资，我无法回答，或许他的下一代的下一代真能见到曙光，因为，风水轮流转嘛！因此在证券市场上就有被动长线与主动长线之说，被动长线是你本来不看好，只是被迫无奈而不得不看好，这样做其实是很危险的，遗憾的是在我们的市场中，这样的投资者非常之多。

我遇到过这样的投资者，他买了一只股票，由于各方面原因，没有精力和时间去打理股票，就像买古董似的，某一日发现大街小巷都在谈论股市，老老少少都笑口常开时，才想起自己家也有股票，于是翻开报纸或者打开软件看看，涨了不少甚至翻了一倍或几倍，就盘算着照这样的速度下去，那还不得了，多年后不得翻多少倍呀！根本不管上市公司经营情况怎样，股价是不是已经被高估，或者大市是不是有风险了，继续蒙头大睡或者用预计可以赚到的钱提前去消费、去旅游，等玩了一圈或者睡醒了再一看，怎么股价又跌回到了原点，这不是白忙活一场吗？

这种事情在我的一个同学身上就真实地发生过，他是学金融的，估计对股票也有些“一知半解”，于是在2005年就开始买入招商银行，从最初的10元起一直买到30元，只要有闲钱就买入它，后来招商银行涨到了46元，他赚了一倍以上，我们都很羡慕他。2010年我见到他时，问他招商银行卖没有，他说没卖，他坚持继续看好这只股票，给我的印象不是一般的固执。同他谈起对股票市场的看法，虽然他是金融学博士，但对股票的了解还不如我这个非专业人士，因为他从来不关心股市。招商银行确实是一个好企业，服务意识在银行界是有目共睹、有口皆碑的，但也难逃资本市场的厄运，现在股价已经跌破了10元（2012年8月），又有谁能想象得到呢？同样的长线投资，我岳父家的邻居就比我同学幸运多了，因为她买的是山东黄金这只股票。

长线，看似是最理性的投资，但在不同的市场环境和不同的人实践，就可能不是最好的、理性的操作方式。特别是在中国这个仅仅只有20年时间的股票市场，上市公司财务造假、主力资金做庄等等，让我们更容易陷入价值分析的陷阱之中，现在看似经营有方、广告满世界的上市公司，很可能是通过了财务报表的粉饰或者是为了配合主力资金炒作而制造出来的假象，普通散户凭着仅有的公开信息和自有知识是很难做出绝对有价值的判断，很可能会让你深陷泥潭、羊入虎口。我认为，不是人人都能成为巴菲特，巴菲特在中国这样一个发展中的市场中也不一定能"特"。

短线是银，这是很多投资者经常挂在嘴边的话。确实，短线是大部分投资者的选择，特别是新入市的股民，更喜欢做短线，或许是因为他们太想见钱和证明自己的价值了。但凡新股民都是怀着豪情壮志的期许进入市场的，如果买了股票，半死不活地在那里挣扎，估计自己比股票还要难受，于是就想方设法地挣扎、频繁交易。他们宁愿每天乐此不疲地去寻找短线的机会，去发现短线的牛股，也不愿接受被套的局面。由于新股民一般都是在行情亢奋时候进场的，因而他们的这种超短线操作方式总能得手，但正因为这种出师告捷和初出茅庐不怕死的精神而膨胀了他们胆大妄为的思想和行为，最终成为资本市场的牺牲品。"常在河边走，怎能不湿鞋。"

很多投资者做短线十次，九次做得得心应手，或许一次的失手就让他永远在资本市场上消失。网络上流行的语言，"出来混，迟早是要还的"，恐怕这是所有热衷于短线操作的朋友们共同的感触吧！几次的短线操作成功最容易使人忘记风险的存在，当风险发生后就会形成亏损，一旦自己先前赚到的钱又亏了的时候，大部分人都不会甘心失败。人的心态有时候就是这样的奇特，亏掉利润比本金还要心痛，于是就会想尽一切办法翻盘，越是这样急躁，利润就像手中握着的沙子一样，你越用力，它流失得越快。是否有人对他们做了个统计，新股民的存活率到底能有多少？我想在中国资本市场中经过一次完整的牛熊转换能达到20%就已经非常不错了。

短线操作最大的好处是见效快、资金的使用效率高，但这是一把双刃剑。追踪那些热门股票并参与其中，犹如在刀尖上起舞，舞得好就会名利双收，舞得不好就会弄得自己遍体鳞伤、出力不讨好。正是因为来钱快，才使得许多资者纷纷加入到做短线的队伍中，据统计大部分做短线的基本上都是亏损，沦为证券公司的打工者。这些人的账户实际上并没有增值，因为他们把钱全部给了券商，股票买卖的绝大多数利润都以交易佣金的形式流入了证券公司。或许他们会骂证券公司是吸血鬼，但游戏规则就是这样，要么你玩，要么你就不玩，谁也没有逼迫你玩。对于短线操作，股市正如赌场。

很多短线投资者看似严丝合缝的理论基础，其实都是不切实际的理想主义者。他们认为短线操作可以不断地重复盈利，能将有限的资本金发挥出最大的能量。当天买进，次日卖出，或再次日买入，每只股票盈利3%~5%，每周操作2~3次就可以达到盈利10%的目的，每月就有40%的盈利，再把伟大的“复利”公式套进来，几年下来便可以富可敌国了。但这些都是理想化的模式，一个人不可能运气有这么好，一旦天有不测风云，就会酿成大错。也有投机者提出更理性的方案，比如投入1000元，赚了1000元，就把赚来的钱从股市中取出来，始终在股市中只保持原始资本量。但在现实生活中，人真的能做到吗？我觉得这种人很少，因为贪婪是人的本性，既然有赚钱的本事，为何我不将赚来的钱作为累积资本放在股市呢？钱生钱多好呀！

股票涨涨跌跌是股市的常态。在这个市场中，有人欢喜有人忧，从某种程度上说，赚钱的人就是亏钱人的贡献，并且亏钱的人远远多于赚钱的人，十人中“一赚、二平、七亏”是铁定的规律。究其原因，最主要的是许多人天天在股市里杀进杀出，频繁交易、过度投机所致。比如，在下跌趋势中不停的抢反弹，最终是越抢、价格越低，最后的结局是自己的账户资金慢慢消失殆尽。做短线的人无论技术多么超群，常见的结果是这两次赚了钱，另两次就赔了钱，并且赔的比赚的多，能保持平手的人十分罕见。而在上涨的过程中做短线的人，往往是卖了就涨、涨了就追、追了就跌、跌了就割肉，多次循环往复，行情到顶时，照样是颗粒无收，并且还有可能接到最后一棒，被套牢在高位。

所以，短线操作得到的只是瞬间财富，得到与失去的速度同样快，经常是怎么坐电梯上去，就怎么坐电梯下来。每年都是在赔赔赚赚、赚赚赔赔中度过，最终成为竹篮子打水一场空，钱没赚到，身心健康却受到了不少摧残。短线操作不是不可以，但需要有处变不乱的良好心态、进退自如的操作技巧、眼观六方的应变能力和壮士断臂的豪气，如果没有到达这种高深的境界，想通过短线操作增加财富只能是南柯一梦。频繁进出的短线操作绝不是人人都能做得好的，世上真有这种人的话，我认为他肯定不属于人类定义的范畴。

波段操作正逢时

2010 年，中国沪深 300 股指期货正式登场。股指期货时代的来临，彻底终结了 A 股市场“只有上涨才能盈利”的时代。但这只是对于参与股指期货的投资者来说， 而当前股指期货的入场门槛被设定为 50 万元，这意味着大多数投资者依然只能在股票二级市场里面游荡，还是只能依靠股票上涨来实现盈利的目的。虽然如此，但股市涨跌毕竟不是散户投资者说了算的，而是被掌控着大资金、拥有更多信息的机构投资者所左右，因此，我们散户只能慢慢适应这种情况，争取在大资金的博弈过程中分得一杯羹，波段操作或许是散户不二的选择。“短线是银，长线是金”在中国股票市场都不太适宜，或许波段才是王道。

波段操作有别于短线操作。因为波段操作是在股票长期趋势的基础上进行阶段性操作，既稳定又灵活，既不当死多头，也不作死空头。所以，这种方法有足够的时间对趋势做出判断，有足够的时间去研究股票的基本面和技术面，有足够的时间选择和买进（卖出）股票，一切计划都可以在平静、有序的环境中完成，用不着整天都提心吊胆、惶惶不可终日。波段操作比找黑马更为重要，在每一年的行情中都有主峰和主谷，峰顶是卖出的机会；波谷是买入的机会。很多个股具有一定的波段，我们对一些个股进行仔细研判，再去确定个股的价值区域，远远高离价值区域后，市场会出现回调的压力，这时候就卖出；当股价进入价值低估区域后，再在低位买入，耐心持有，等待机会，这样一般都会获取较大收益。

也有一种针对中国股市每年都有一波上涨和一波调整行情组成一个运动周期而设计的波段操作，提出一年只炒一波的概念。调整的特点是熊市可能长达半年，牛市只有三四个月，熊市可以把年初大行情的升幅全部吞掉。如 2002 和 2003 年的调整就把年初的大行情全部吞没。在一年一波行情后，到调整之间，往往有一个造顶过程。估计这个过程，就是大市从升转为跌的量变过程，也是主力完成阶段性派发的过程。每一轮大调整的跌幅都超出市场的猜测，甚至是远远出乎市场的意料。要实现波段炒作，就要把千辛万苦逃顶出来的资金一直保留到底部，要确保有资金抄底，就必须事先对调整的底部有一个相对准确的猜测。

我认为散户最有效的波段操作是在中长期趋势明朗的情况下，在成交清淡的相对低位买入还没有被恶炒过、成交量极小、在未来几个月里有一定涨升空间的潜力股票，耐心持有 3~5 个月或者更长时间，当涨幅达到一定（可根据当时的市场环境设定 10%、20%、50%或者 100%），放出巨量的区域择机卖出这些股票，然后就开始休息，持币观望，耐心等待股票回档调整，慢慢的窥测新的投资目标，每年做 1~2 次。波段操作买卖的是一段过程，是一个周期，是把炒一只股票当做一个项目去经营。

股票运行的波浪里有大升浪、中升浪、小升浪。大级别的升浪，周期相对较长，方向性相对稳定，一般为3~5年左右，其中包含了数个中级别的波浪，在这个周期内，股票有多次幅度可观的涨跌；中级别的升浪，时间多为3~5个月，由于其运行于大级别的升浪之中，底部和顶部相对比较好确认，可预测性比较强；小级别的升浪时间较短，一般为几天或几周，变化较快，难以把握及操作。道氏将趋势分成三类，即主要趋势、次要趋势和短暂趋势，主要趋势如同海潮，次要趋势是潮汐中的浪涛，而短暂趋势就是波浪上泛着的波纹。我们做波段，就是要把握次要趋势，也叫中级趋势。波段操作要求我们在每一个中级上升趋势的拐点买入，在有了一定的升幅后，短期出现向下拐点时卖出。

在运用波段操作时必须要根据波段行情的运行特征，制定和实施波段操作的方案和计划，具体来说要把握好波段空间中的六要素，即波轴、波势、波谷、波峰、波长、波幅。

波轴是指波段行情中多空相对平衡的位置。波轴是波段操作的核心要素，以中轴线指标AXES为衡量标准，当股价位于中轴线AXES之下时，投资者可以予以关注，股价接近波段行情的波谷区域时可以择机买入；当股价位于中轴线AXES之上时，投资者要保持观望，在股价接近波段行情的波峰区域时择机卖出。

波势是指波段行情的整体运行趋势和方向。多数情况下，波段行情的运行趋势是保持一定斜率的向上或向下运行，绝对水平的波段行情比较少见。当股价水平运行而且波幅极小时，往往是行情即将突破的前兆，此时，除非有相当的把握，否则尽量保持静观其变为好。波段操作中关键是要讲究顺势而为，要根据波段行情的不同运行方向，包括不同的运行斜率，分别采用不同的波段操作方法，如波段行情在向上运行时，投资者要在基本不丢失筹码的前提下，进行波段操作；而在向下运行趋势的波段行情中，投资者应该以做空的方式波段操作。

波谷与波峰。波谷是指股价在波动过程中所达到的最大跌幅区域。波峰是指股价在波动过程中所达到的最大涨幅区域。波谷与波峰属于波段操作中的买卖进出区域，主要由以下一些条件组成：(1)箱体运动的箱型顶部和底部位置；(2)BOLL 布林线的上轨线和下轨线；(3)趋势通道的上轨趋势线和下轨支撑线；(4)成交密集区的边缘线；(5)投资者事先制定的止赢位或止损位；(6)股价以轴线之间的平均偏离值的位置。

波长是指股价完成一轮完整的波段行情所需要的时间。股市中长线与短线孰优孰劣的争论由来已久，其实片面的采用长线还是短线投资方式，都是一种建立在主观意愿上，与实际相脱钩的投资方式。投资周期的长短应该以客观事实为依据，唯市场趋势马首是瞻，当市场趋势波动周期长，就应该采用长线；当市场趋势波动周期短，就应该采用短线；投资者要让自己适应市场，而不能让市场来适应自己。

波幅是指股价在振动过程中偏离平衡位置的最大距离。由于交易成本因素的制约，波段操作必须要有一定的获利空间才可以进行，如果股价的上下波动幅度过小，投资者就不宜采用波段操作。虽然，近年来印花税和佣金都有所下降，绝大多数投资者的一次完整交易费用不会超过 1%，但考虑实际操作中的正常误差，股价的波幅必须达到 3%~5%以上时，才是波段操作的最佳环境。

投资者在制定波段操作计划时必须重点考虑这些要素，即：(1)依据波轴决定投资取向；(2)依据波势决定具体操作方式；(3)依据波谷与波峰决定买卖时机；(4)依据波幅决定介入程度；(5)依据波长决定操作周期。

波段操作原则

为了使波段操作更安全，选股的时候必须遵守一定的原则。总的原则是"以投资的观念做投机,先行业后个股,先低价后股本"。不管牛市、熊市还是平衡市,A股市场每年总有一波行情,股民只要耐心等待,股指在谷底时伺机买进,在波峰时果断离场,就会成为股市赢家。

选取基本牛市或者震荡市作为波段操作的先决条件，对正处于上升通道的股票进行操作，决不理会重要趋势明显处于下降通道的股票冒险。买进时最好选择在主要上升趋势良好,在中级上升趋势向上的拐点刚刚出现的第一时间介入，在主要趋势上轨遇阻回落的第一时间卖出。个股长期在低位横盘的股票,在放量向上启动的第一时间介入比较安全。大盘是个股的风向标,买进卖出时必须注意大盘的脸色。大盘处于基本熊市和次级回调时,最好停止波段操作。确实有中长期上升趋势向上,并可买进的股票时,仓位应该较轻。整个大市处于大跌的时候,一定要暂停这种操作。不过,大市大跌数天之后,你瞅准机会迅速来一下波段式操作也不错。只买进和持有在底部刚刚启动,或者刚刚脱离了底部区域的股票,短时间内股价已经翻倍的股票,原则上不参与;个股的庄家只有经过充分吸筹和洗盘后,才会大幅度地拉升,绝对不要参与各种不确定的刚刚开始的调整。选股一定要有自己的主见,只参与自己分析好的股票,不操作自己没有把握的、不熟悉的股票,也不参与别人推荐的股票。只有提高自己的分析水平与时机把握能力,不断完善自己的操作策略和严格按照策略操作，才会找到打开财富宝库的金钥匙，赚到属于自己应该得到的钱，才会帮助自己在股市中走得更稳、更远。

大势好时全进,大势不好时全出,利用大盘进行波段套利。因为大盘中短期上升时，大部分的个股都会上涨；大盘中短期下跌时，大部分的个股都会下跌。所以在大盘中短期上升势确认时全进,而在大盘中短期头部确认时全出,就能真正做到"顺势而为,波段炒作"。

保证本金安全为第一要务。所以选股就必须以长线投资的角度出发，一旦选择了，只要有足够的持股时间，即使错过了波段操作，也不会损失本金，因此，题材股最好不作为选择的对象。首先，是锁定景气度上升并持续发展的行业，分享其成长利润；其次，选符合国家近期产业调整方向、受政策扶持的龙头公司；再次，看价值，瞄准股价远低于企业内在价值或未来产品转型和大股东实力雄厚的个股。股价反映的是预期，高景气度行业的个股等到散户察觉时，股价早已高企。但许多行业是周期性的，如钢铁、石油和有色等板块，可在经济循环周期的低谷时，以超低值买入，待景气度回升到高潮时再卖出，这是一种较为稳妥的投资方法。基本面分析为主，辅以趋势与技术分析。以国家宏观经济形势为主导，参考上市公司内在价值，紧跟大趋势，忽略小反弹，进行大波段操作的胜算率较高。

多些逆向思维。每当市场人士都在评论大盘还要跌到某点甚至更低时，散户恐慌斩仓出局的多。其实，此时只要冷静思考，或许行情就置之死地而后生了。在高位屡出利空，股市一时不跌，是机构来不及派发筹码；在低位频出利好，反而不涨还跌，是机构尚未捡足廉价筹码。大盘深幅调整后，想想下方还有多少空间；反之，涨到相对高位时，想想后面还隐藏着多少利空没兑现。

能否取得好的波段操作效果往往与资金来源和投资心态密不可分。股市受政治、经济以及参与主体心理、预期等综合因素影响，充满着极大的变数和不确定性。如果投入的为余钱，没有使用时间和盈利比例压力，操作起来就会相对轻松，进而有助于操作的成功。原则上，波段操作使用的余钱仅限于存量资金；增量资金不适合一般意义上的波段操作，只适合越跌越买交易。即只有当指数或个股跌破某一位置时（可事先设定），才可使用增量资金开仓买股。

要用闲心操作。一方面，尽量不要以股为业；另一方面，即使专职炒股，也无需过于专注。在多数情况下，盯盘时间的多少以及盯盘的专注程度与波段操作的最终结果之间没有必然联系。在处理好各方面关系的同时，利用闲心操作，反而有助于波段操作的成功，带来意想不到的收益。闲心操作不等于随心所欲，波段操作前一定要有计划，计划制定后一定要严格执行，计划执行后一定要认真总结。

务必做两手准备。多数投资者在操作中大多会遇到这样的情形，事先并不看好、没有及时买入的股票经常出现大涨，而对其充满信心并重仓买入持有的股票却不涨反跌。这说明，个股的涨跌不会依投资者的意志为转移。因此，在波段操作中，做好两手准备显得尤为重要。两手准备既体现在对操作后股价的运行方向是向上或向下，也包括股市投资的最终结果是盈利还是亏损。对于前者，重点应做好涨跌准备，一般情况下可事先做好涨时卖出、跌时补仓的策略准备；对于后者，重点应做好盈亏的心理准备。

股票涨跌受供求关系影响，好股票只是会维持长期的上升趋势，差股票从低点到高点又回到低点。如经久不衰的贵州茅台，从2003年的20多元价格起步，不断地震荡上行，买入后长期持有会获利丰厚，如果根据大市环境做些波段，收益更是可观。如果仅是一种题材的炒作，更需要敏锐的判断力，否则就会错失波段良机。价格的短期变化，散户是无法主宰的，而长期变化是公司盈利能力增减在股价上的反映，是可以把握的。关注底部休整时间较长或先于指数见底并已趋稳的价值低估股票，在严重高估时卖出。

在大盘处于震荡行情时，波段操作更是获取短线收益的最佳操作技巧。一次完整的波段操作过程涉及买、卖和选股三个方面的投资要点。比较适合波段操作的个股在筑底阶段会有不自然的放量现象，量能的有效放大显示出有增量资金在积极介入。因为，散户资金不会在基本面利空和技术面走坏的双重打击下蜂拥建仓的，所以，这时的放量说明了有部分恐慌盘正在不计成本的出逃，而放量时股价保持不跌恰恰证明了有主流资金正在乘机建仓。因此，就可以推断出该股在未来行情中极富有短线机会。波段操作的买入时机，要参考筑底中心区域，反复震荡的筑底行情往往会自然形成某一中心区域，大盘将会围绕这一中心区反复盘旋，当指数上涨过急，就会重新跌回中心区；当指数下跌过度，也会反弹回来。投资者可以根据这种特性，选择在大盘下跌，远离其筑底中心区时，这是积极买入个股的最佳时机。波段操作的卖出时机，则应视情况而定。在大盘筑底过程中，会有多次脉冲式上涨行情，但真正的突破性上涨行情只有一次。识别上涨行情是否属于突破性质的最重要依据是股价波动幅度和成交量，当波动幅度和量能均不断收缩达到临界点时，所爆发的快速上涨行情，属于突破性上涨行情，这时投资者可适当追涨强势股。对于其他的脉冲式上涨行情，稳健的投资者或短线技巧不娴熟的投资者尽量不要参与，如果手中持有获利个股，可以乘机卖出。

强势中捂股是一个简单实用的操作法则，投资者并不一定要“死捂”，可以用一部分资金适量参与波段操作，在强势中参与波段操作可遵循以下三个原则。第一，在具体操作中，投资者的思路要立足于中长线，以“多”为核心。如果出现调整，可以在技术指标超卖后大胆介入，具体参考的技术指标为 KDJ 值中的 J 值，当 J 值为负值时，投资者不宜再斩仓；而当 J 值连续两天出现负值且负值数较大，可主动“被套”。当大盘上涨时，投资者在有一定获利的基础上不必急于一次抛空，要分批抛出。第二，在强势中进行波段操作，选股尤为重要，任何时段都会有不同的热点，不抓住主流板块，会让你减少收益。其实，在强势波段操作中把握主流并非难事，大盘上攻时成交量放大、涨幅大的板块即为波段行情中的主流板块。第三，在波段操作时要少做短线，不宜频繁换股。在一个阶段的低位或较低位介入后，在波段行情明显就要结束时（具体为热点板块突然缩小，庄股减少，下跌放量，相当多技术指标严重超买等）抛出。由于短炒会增加失误的次数，且大盘以升为主，差价难以把握，在高位抛出往往须加价追回，在具体操作时应减少或不进行短线操作。

弱市中进行波段操作。首先，需要把握节奏，逢低介入。由于大盘处于反复筑底过程中，所以股指极不稳定，一有风吹草动便会出现恐慌性的抛盘。其次，注重轮动，精选个股。再弱的市场，都有部分资金不甘寂寞，他们会想方设法地寻找和制造短线题材，因此在第一时间介入强势板块和龙头个股进行操作。最后，控制仓位，适可而止，逢高卖出。

波段行情，一般最常用的就是震荡筑底阶段。单边上涨或下跌行情，就要减少波段操作。无论什么行情，无论什么操作手法，技术因素很重要，但最重要的不是技术，而是心态。心态好了，技术发挥就好，抄底轻松，逃顶及时，股市就有可能成为你的提款机。波段操作属于短线操作，故交易佣金的多少在一定程度上，影响到您的交易成本，尽量是在交易佣金比较低的情况进行。

波段操作买卖技巧

真正的底部是指一个区域，并非是某一特定的拐点或价位。因此，不能把底部区域的买入理解为在某一拐点的买入，而在实际操作中也是很难买到最低价的。从概率的角度出发，无论是在下跌末段买入，还是在启动初期买入，操作的成功概率均远远大于在拐点处的买入。底部区域的买入不必追求买到最低价或拐点位，只要能买到相对低位就是成功。

在阶段性底部区域买入股票时的主要选择标准有：(1)选择经历过一段时间的深幅下调后，价格远离 30 日平均线，乖离率偏差较大的个股；(2)个股价格要远远低于历史成交密集区和近期的套牢盘成交密集区；(3) 在实际操作过程中要注意参考移动成本分布。当移动成本分布中的获利盘小于 3 时，可将该股定为重点关注对象。一旦大盘和个股止跌企稳后，可以在符合以上选股标准的个股中逢低建仓。

大盘在构筑底部区域时，个股成交量太少或出现地量时，均不是最佳的买入时机，因为这说明该股目前价位对外围资金仍没有吸引力，还不能确认为一定止跌企稳了。即使大盘出现一轮行情，这类个股也会因为缺乏主流资金的入驻而制约上涨空间和上涨速率。因此，在底部区域选股时要选择在前期曾经出现过地量，随着股价的下跌，目前量能正处于温和放大过程中的个股。

在阶段性底部区域买入时还要巧妙应用相反理论。股评反复强调的底部和大多数投资者都认可的底部往往仅是一处阶段性底部，这时不要完全满仓或重仓介入，而且还要注意及时获利了结。只有在股评已经不敢轻易言底和大多数投资者都不敢抄底时，真正适合于战略性建仓的底部才会来临。

相对而言，波段操作中掌握卖的技巧更加重要，它最终决定操作的成功与否。因此，在波段空间中套利的卖出操作需要注意以下几方面技巧。(1)大盘或个股上冲速率过快时，要及时获利了结。在基本面没有大的改观以前，市场往往不具备大幅走高的能力，如果大盘短期内上冲过快，常常会促使反弹行情一步到位，在缺乏后续上攻动能支撑的同时，又将面临短线获利盘和解套盘的双重压力，大盘和个股必然会表现滞涨或走出回落行情。因此，投资者遇到大盘上冲过快时，需要选择短线卖出方式。(2)见利好出货。如果遇到突发利好消息出台，先乘大盘瞬间上冲之机逢高卖出，然后，静待大盘企稳之时，再根据市场的背景和环境对大盘趋势做出认真细致的研判，依据研判的结果，选择下一步的操作动向，这是较为稳健的波段操作方法。(3)根据技术指标选择卖出时机。技术指标在单边上涨的牛市中和持续下跌的熊市中的作用较小，但在波段操作中，技术指标却能发挥非常重要的作用。波段操作中能准确提供买卖信号的是 90 分钟随机指标 KDJ 和 90 分钟顺势指标 CCI，实际操作中这两种指标要同时使用。当 KDJ 的 J 值上穿 0 线，同时

CCI在-200以下拐头向上时，可以择机买入。当KDJ的J值跌穿100,而CCI在+180以上掉头向下时,要果断卖出。(4)根据事先制定的止损标准和盈利目标卖出。由于波段操作属于短线行为,所以,不能把盈利目标定得过高,而且,要随着市场的变化不断修正止损标准和盈利目标。当个股股价达到止损位时，要果断清仓出局。当波段操作中的账面收益达到盈利目标时,也要克服贪心,坚决采取落袋为安的方针。

坚持从“成交量、换手率、趋势线”三方面全心研究。如以下的几种常见的卖出方式。(1)短期股价翻番的股票,换手率连续超过15%,量增价滞,股价跌破5日和10日平均线,应做战略减仓准备。(2)如果发现高开以涨停方式冲击历史阻力位,则可能为主力“假突破”,应果断出局。通常,某些个股在前期阻力位前巨量换手,股价却停止不前,显示主力资金大肆派发筹码,如果在后期不能够继续高举高打,则持有者必须果断离场,当心主力制造诱多陷阱。(3)判断个股趋势的好坏,衡量个股行情的优劣,“看涨不涨,必须出”。长期下跌后的反弹过程中,每次反弹都是卖点。股票长期下跌后反弹到长期下降趋势上轨处选择回调的，说明长期趋势线的压力不小,同时也显示这样的股票中的主力做多意愿的不坚决,应该波段卖出。一般讲,30日、60日、半年线(120日)和年线(250日)的压力都比较大,很可能成为阶段性顶部,如果这些阻力位被有效突破,则应该反手做多,否则出局观望。(4)跌破重要平台应暂时出局观望。日线图上留下十分突然的巨幅大阴线并跌破重要平台时,不管第二天是否有反弹,还是收出十字星时,都应该出掉手中的货。雪崩式下跌的股票什么时候出来都是对的。(5)大市持续下跌中,手中持有的股票不跌或微跌,一定不要太过侥幸,先出来为好,像此类股票总有补跌赶底的时候。(6)市场中期底形成后,个股方面通常会有30%至50%左右的涨幅,部分反弹龙头甚至还有100%的涨幅。一般在面对前期阻力位的时候,不少个股还会出现一定程度的技术回撤，不要轻信专家们煽动诱惑，一旦趋势线发生变化，必须注意见好就收，把最后的利润留给胆子大的人。

从具体的股票方面判断，可关注一波行情主流领涨板块的领头羊和其他辅助板块的领涨品种走势，如果指数还是处于上拉趋势，但这类最强势的品种开始出现逆势大卖单频频对敲，始终处于逆市下跌的态势，这时候要引起警惕了。最强势板块开始主动出现回调走势，这意味着市场的调整也将随之而来，补涨品种的发动，通常是波段行情结束前的征兆。从量能上看，成交量在达到一个峰值后，开始跟不上，量能一旦出现萎缩，多空的力量也将发生转换。在底部不需要成交量的配合，但无论是整个市场还是所有个股，都有不小涨幅后，成交量就显得尤为重要，成交量的萎缩是增量资金放慢脚步甚至停止进场的反映，此时市场由于堆积了过多的短期获利盘，多空力量很容易在瞬间发生逆转。

总之，在实战操盘中，每一次买卖决策都应当尽可能地基于相对准确的数据运算和对市场规律的绝对服从，不可有丝毫的情感因素，牢记一些诀窍并灵活操作。

如何判断波段周期

金融市场有一个公理："没有永远上涨的价格走势，也没有永远下跌的价格走势。"不论牛市或者熊市，大盘一路涨上去不回档或者一路跌下去不反弹都不可能。这也是为什么很多投资人在牛市里也照样赔钱的原因。因此，波段操作、高抛低吸是顺应自然的一种选择，而如何判断波段周期，确认波段顶部和底部位置就成为操作成败的关键。对于大资金而言，每年做好两到三个波段，其余时间空仓休息，30%~50%的年收益率是可以企及的。有一句股谚："选股不如选时"。选时正确，大势整体向上，即便选股有误，资金账户无非是滞涨或者横盘，亏损的概率很小；选时错误，大势整体向下，能够逆市上扬的个股不过是风毛麟角，可谓九死一生，那不是做生意,是赌博。

金融市场本身就是一个众多不同理念、不同背景、不同实力、不同操作方法的投资者共同参与的复杂系统,因此,在宏观趋势的背后,总有反复跳跃的杂波影响着人们的理性判断。在极端弱势的市场里,也会不断出现涨停板的个股,诱惑着那些孜孜不倦的短线客拼进杀出;在极端强势的市场里,也有原地踏步的弱势股让翘首期盼的投资者心急如焚。为什么市场价格的调整总是伴随着成交额的萎缩?“大资金做趋势”是投资行业的铁律,趋势逆转,主流资金停止操作,成交额当然要萎缩下去。

如何才能从纷繁复杂的市场杂波中过滤出行情的主线,从而正确判断市场走势,指导理性投资,是金融界学者们反复探求的真理。判断市场走势的技术方法有很多,交叉、角度、背驰、乖离、压力、支撑都是我们常用的方式。类似MACD、KDJ、RSI等技术指标的设计主旨,就是过滤市场短期波动的不利影响,揭示市场运行趋势的一种努力。最重要的是需要投资者在综合各方面信息、知识的基础上,让大脑提前做出预判。

抱住龙头

我国股市历来是政策市,股市走向直接取决于政策面导向。在熊市筑底阶段中,政策面暖风频吹,投资者就应心领神会,抓住底部量能有效放大、有主力资金介入的扩大内需保增长“领头羊”股票。因为散户资金一般不会在前期基本面利空和技术面走坏的双重影响下建仓,底部放量个股说明有部分恐慌盘在不计成本出逃,而放量保持股价平稳的股票,证明有先见之明的主流资金在趁机买入热点板块。这样的股票会先于大盘反弹,捕捉到后获利空间大。在证券市场上,唯有成交量变化是最真实的数据,所以,在底部放量的股票是启动的先兆。密切关注换手率变化较为明显的个股是判断“黑马股”的先决条件。

从市场运行趋势上看，如果反转条件尚未成熟，股指总是处于波段运行中，投资者必须掌握它的运行规律，充分利用股价上涨后相对高位的卖出时机，然后在市场获利回吐或调整后的低点买入，轮回做几次波段。在进行证券套利的时候，几乎所有参与者都有投机的心理，投机是一门找出未来可能盈利趋势机会的艺术。你很难短线精确地预测或者预知某件事将会在何时发生或者如何发生，但职业人士通常能够判断出来什么事一定会发生。因此，成功套利者在熟悉沪深股市的经典技术基础上（如基本分析、技术分析、题材分析、利益分析），还要有意识地综合应用这些技术来发现机会、等待机会以及管理机会。

其实，个股很多时候都是有所谓的领头羊股票上涨之后继续加速上涨，当所有的机构都同时推荐某一个焦点题材的时候，该热点就要疯狂了，疯狂过后就是调整。当很多投资者疯狂地以不可思议的高价去追买时，你要做的事情就是坚决卖出。涨幅冠军每周都有，关键是要抓住最好的切入点。市场常常有一些游资，不断寻找适合攻击的品种。一旦被他们相中，必然以连续涨停的方式呈现在眼前，强庄本色表露突出。资金实力最强的机构总是喜欢按照自己的规划去做股票。我们要做的事情就是找出最牛的短线机构，跟随他的脚步，到达资金快速增长的巅峰状态。

如某只个股在连续大幅度上涨之后，股价出现了缓慢的上涨趋势，同时由于股价越往上涨，获利盘就不断增加，导致举步维艰，这个时候出现的横盘整理，三天不创新高，就要果断卖出。有时候高位横盘也是在做头部的过程。一旦发现主力在撤退或者有明显出货迹象，作为跟庄的小散户要学会第一时间"跑路"。任何股票都不可能只上涨不下跌的，所以在涨不动的时候就要做出决策。对待股票投资要有一种心态就是见好就收，如当股票在高位横盘出货的时候，要第一时间卖出手中的筹码；股价经过长期上涨之后高位构筑顶部，一旦出现跌停第一时间止损；对待跌势凶猛的股票要回避，让亏损减少，不要轻易去伸手接高楼掉下来的快刀；面对暴跌要有足够的忍耐力，不要把自己的血汗钱浪费在没有把握的战役中；坚持自己的操作原则，不要冲动做出没有经过思考的决策。

止盈与止损

在这个世界上，有许多事情是我们很难预料的。我们不能控制机遇，却可以掌握自己；我们无法预知未来，却可以把握现在；我们不知道自己的生命到底有多久，我们却可以安排眼前的生活；我们控制不了变化无常的天气，却可以调整自己的心情。投资中我们无法准确的掌控瞬息万变、阴晴不定的市场，我们却可以艺术性地对投资止盈与止损。投资需要有认识风险、掌控风险的思维，严格的投资纪律、适应市场趋势的资金分配方案，“选时重于选股，基本面分析重于技术分析”。投资者从开始进入投资市场，即便有100%的把握，市场风险还是不可避免地存在；在适当的时机，正确应用止盈与止损的操作策略，才能在持续的投资中实现持久的盈利。

止盈与止损来自于操盘计划实施之前的制定与设置，并在实际操盘开始之后，根据当前的市场趋势变化与个股技术指标特征相应调整实施。投资者一般都贪婪、盲目，对已经大幅获利的股票不懂得按趋势止盈，锁住利润、盈利出局。更有一些投资者在市场趋势不好的时候还在频繁操作、“吃鱼尾巴”，甚至在市场初跌阶段不懂得止损空仓，自以为懂得分析股票，最后落得个遍体鳞伤。空仓也是在投资，空仓也是在炒股。事实上很多投资者，特别是中小投资者很少做到这一点。市场变化莫测、阴晴不定，特别是政策市场，随时都可能出现颠覆；投资者不要祈求买卖股票买到最低、卖到最高。买卖在相对的低点和高点即可。买卖操作的是相对区域，不是最低最高。在投资市场，股票的价格是投资者心理对其价值的认知和博弈的结果。而投资者相互博弈的多空力量时常发生变化，通常一个股票的价格围绕其本身的内在价值在波动；股价等于其内在价值是很平常的事情，股价偏离其价值也是正常现象；但是价格高于价值太多就会出现我们投资者所说的“泡沫”，所以投资者应该重点研判一个股票的内在价值，并把这个价值作为一条分界线，作为上下止盈止损的依据。

止盈，顾名思义是指守住阶段性利润，实现阶段性盈利目标。锁住利润，盈利出局。止盈，是根据当前市场趋势变化与股价技术指标实施的一种操盘行为。投资者常说“会买的是徒弟，会卖的才是师傅”，只有成功卖出才能实现利润。投资者往往存在永无止境的贪念，不满足当前利益，在盈利的情况下想得到更多，结果事与愿违不但没有锁住前期的利润，反而赔进本金。止盈，是一种攻防兼备的操盘策略，也是一种积极防范市场风险和不确定性因素的重要手段。

止盈实战技巧。(1)在持股阶段，当政策面出现大的利空消息时，投资者要迅速止盈，锁定利润并观察政策面带来的市场影响。(2)当市场持续走强，市场做多情绪持续升温，而大多数股票却开始出现疲软、滞涨时，投资者要对手中获利的股票止盈。(3)大盘蓝筹股普涨，而前期已经持续上涨的中小盘股出现明显的滞涨甚至下跌时，要对盈利的中小盘股止盈。(4)当股价持续上涨，价格处在相对历史高位区域，价格严重偏离其内在价值时，投资者要有决心和信心止盈出局。(5)当股价持续上涨与 60 日线距离过远时，投资者要短期止盈。(6)当股价在连续上涨后，单日出现巨量成交，投资者要锁定前期利润，盈利出局。止盈并短期不再关注此股。(7)当投资者在上涨积累利润的行情中发现 K 线出现长上影线的情况下要坚决止盈出局。(8)日 K 线收盘如果击穿 14 日操盘线，投资者要大胆止盈，如果日 K 线收盘击穿 25 日生命线，投资者要谨慎离场观望。均线破位意味着行情转弱投资者要保住胜利果实。(9)前期高点价位区、成交密集区等重要筹码区，投资者要及时止盈。(10)在实战操作中，投资者都存在侥幸心理，对出现的止盈信息熟视无睹。这一切都是贪念在作怪！投资者要有止盈的信心和决心，不能犹豫不决、拖拖拉拉而贻误了最佳时机。对普通投资者而言，为了投资的理性、正确性、持久性，宁愿做错，也不能有侥幸心理存在。

止损，顾名思义即停止进一步扩大损失。止损策略是在投资者错误判断趋势、错误判断行情、错误操作个股或者遭受市场不确定因素的影响，致使投资亏损下及时果断实施的卖出挽救行为。把可能出现的大幅亏损控制在小范围之内。止损是一种紧急启动保护的措施。在持仓处于危险状态下，临盘果断采取的“减损挽救措施”，减少损失，保留实力是止损的核心。止损操盘价值作用远远大于止盈策略，如果说止盈是保证资金盈利的持续增长的话，止损就是保证投资者在投资市场持续生存的根本。其实，止损最大的问题就在于投资者的心态问题，因为投资者都是贪婪的，进入投资市场都是奔着“抢钱”而来。心态哪能忍受亏损离场呢？不管这个止损时机多么重要，投资者都会侥幸、非常有耐心地等待，2007年68元买入中国远洋等股票被套得何其惨烈。对真正的投资者而言，损失的何止是宝贵的时间成本。

投资市场是一个风险市场，正确的顺序应该是先要认识风险、掌控风险，其次才是实现盈利。很多投资者都把这个顺序颠倒了，亏损之后、被套之后才开始考虑学习投资、认识风险，殊不知投资成功唯一途径是学习积累，没有捷径可走。特别是新投资者弊端之一就是买股票就想赚钱，根本不考虑存在的风险，更不会考虑止损策略在操作中的重要性。真正将投资者击倒的，有时并不是“大股灾”“金融危机”之类的灾难，而是一些微不足道的小错误让投资者持续的犯大的错误。当市场趋势走坏导致亏损时，投资者常常被动地等待解套，一些投资者更盲目补仓，企图摊低持仓成本，而市场趋势走坏的亏损补仓是最愚蠢的行为，市场趋势变坏就算是短期走熊，投资者的这种补仓不但不能摊低成本、解救套牢的仓位，相反是加大损失的“自杀”行为，而补仓资金陷入危险的重复套牢境地。投资者在操作前一定要制定详细的止损计划和止损标准，有备无患，一旦发现操作错误，自信、大方的止损出局；绝对不能等到出现大幅亏损才开始研判止损的策略和考虑用什么标准止损。

止损实战技巧。(1)在持股阶段当政策面出现大的利空投资市场消息时，投资者要对亏损的投资迅速止损，减少损失并观察负面消息对市场的影响。(2)当市场处在下跌初期，市场做空能量累积，大多数股票放量下跌，特别是权重板块；投资者此时要有壮士断腕的决心对持仓止损。(3)当股价破位下跌，而价格仍处在相对历史高位区域，价格严重偏离其内在价值时，追涨的投资者要迅速止损出局。(4)追涨个股在高价位区出现大阴线，同时放出巨量，投资者应对亏损的账户立即止损。(5)日 K 线收盘如果击穿 14 日操盘线，投资者要即刻止损，如果日 K 线收盘击穿 25 日生命线，投资者应该坚决止损回避。均线破位意味着行情转弱不止损只会扩大亏损。(6)跌破前期低点支撑区、成交密集区等重要筹码区，投资者要及时止损。(7)大量出现在阶段性涨幅之后的头部，如买进之后，遇次日就开始下跌，导致昨日持仓套牢。如果股价连续 3 天收盘价在最大量当天的最低价之下，则说明主力已经出货，后续下跌风险较大。(8)投资者在阶段性顶部买入后在下一个交易日出现向下跳空缺口下跌，投资者发现这种走势，为避免亏损的扩大应该第一时间止损出局。(9)对处在阶段性上涨后的横盘个股如果均线图形出现乌云密布形或者均线黏合向下发散，投资者要止损出局，远离观望。乌云密布形和均线黏合向下发散都是后市持续看跌的信号。(10)投资者买入股票总是满腔热情地憧憬着如何盈利，却很少愿意去想如果出现亏损怎么办，更没有做好应对亏损的准备。一旦出现亏损，就手足无措、盲目求医并且犹豫不决，真正意识到该止损时，却已经错过了最佳止损时机。

投资者应该树立止损的意识，掌握止损的技巧，计划止损的策略。对达到止损标准的要坚决止损，即使判断失误，造成的损失也较小。但是,不止损的结果往往是深度的套牢,甚至是亏损巨大的割肉。另外,投资者在成功止损后,往往为了急于弥补止损造成的损失,急于求成、不加研判认清市场运行趋势又频繁操作很容易再次陷入被套的境地中。止损的成功需要投资者的自律能力和对投资纪律的深刻认识。

第16章　鸡蛋是否放在一个篮子里

长期以来,“不要把所有的鸡蛋放进同一个篮子里”,成了众所周知的投资名言。即希望在一些篮子里的鸡蛋摔烂了的时候还有另外几个篮子里的鸡蛋是好的,用这个思想来提示人们分散投资、降低风险。

股票投资风险可以分为系统风险和非系统风险。系统风险是指所有的股票都要承担的风险。在一个具有政策市特征的股票市场上,影响到股票市场的重大政策风险往往都是系统风险。非系统风险是指各家上市公司特有的风险, 比如说某一家上市公司的生产车间爆炸、产品质量曝光等引起的风险。投资理论认为,通过投资多家上市公司, 可以把每家上市公司特有的非系统风险分散掉。多元化投资暗含的投资逻辑是在避免股票的非系统风险的同时,接受与市场一样的收益。因此,这是一种折中的、平均化的投资战略。

“关于鸡蛋和篮子的比喻”应该是因人和因事而异,每个篮子要各放几粒鸡蛋牵涉到资金配置的问题(每只股票买多少金额)。对于风险投资家来说,就是“要把所有的鸡蛋放在一个篮子里,确定篮子的结实程度”,寻求在高风险投资中获取高额回报是其投资风格。作为普通投资者,我也认为更多时候需要“把所有的鸡蛋放进同一个篮子里”。因为我们每个人的资金量有限,既然拿一部分资金投资股市,说明我们已经接受了股票的风险,因此,需要集中投资，才有更大的机会战胜市场。比如说，我们将十个鸡蛋分散放在十个篮子里，可能这个篮子里面的鸡蛋完好无损，那个篮子里面的鸡蛋就摔烂了，最后的结局是不输不赢，那还不如直接将钱放在银行更合适。高风险对应的是高收益，只要我们对所选择的标的做到心中有数（把握好篮子的质量），在股票上进行集中投资或许会获得比市场平均水平更好的投资收益。另外，篮子越多，交易成本和管理成本也越高。

一个人投资的正确概率愈高，需要的篮子就愈少。如功力深厚的投资人（如巴菲特）误算错判的概率低，对利用分散投资以管理风险的依赖程度没有一般投资人来得大，自然可以把所有的鸡蛋放在一个篮子里，然后紧紧地守着。一般投资人误算错判的概率要高许多，就需要多几个篮子来管控能力不足所导致的风险。我认为作为普通的散户（资金量在10万元以下），股票（篮子）最多不超过5只。大家都知道，股票数量多了，投资风险虽然降低，报酬率却也跟着下降了，因为真正的好机会很少。

在股票实际的投资过程中，我认为关于“鸡蛋和篮子”的两种投资方式更具有时效性的意义，不同的时间其侧重点可能不一样。至于何时把所有的鸡蛋都放到这个篮子或者那个篮子里，何时把所有的鸡蛋分散到几个篮子里，全凭投资人理性的投资分析与深阔的投资眼光。如果在对每只股票同等熟悉的前提下，不妨视自己的风险承受能力和市场情况而定。

另外，我认为“不要把所有的鸡蛋放进同一个篮子里”的这种思想指不同类型资产组合的多元化更准确。即我们的资产不局限于一个投资市场，可以包括银行存款、债券、股票、实物（如黄金珠宝）、实业等等。其实，一般投资人也不必盲目去追求各种所谓资产配置的时尚，毕竟时间、精力有限，仅是了解股票市场就已经很费神了，何况还要去了解外汇、黄金、房地产等其他投资标的呢？如果对其他的资产类别不熟悉而贸然投入，超出了自己的能力范围,这反而会导致风险增加。长期看来,股票还是回报率比较好的投资品种,集中深入了解股票市场既可以强化自己的能力范围,又能降低一些不确定风险,并且股票有一个最大的好处就是变现能力强。

第17章　盘面信号识别

要做好股票投资，投资者的分析、判断不可过于短线化，不要过于看重短线指标（指标经常会骗人）。目前，特别是股指期货推出后，A股市场主体资金的格局已有翻天覆地的变化，手头掌控上亿元，乃至十亿的主力相当多见，庞大的资金势力非常容易影响短期股指变化。因此，比较现实的做法是精选个股，其次是多留意周、月线指标的形态。有些人猜对了指数，同样赚不到钱，原因就是市场个股主力的千差万别。

就短线操作来说，捕捉强势股的窍门有如下几点。第一，市场大众不一致看好的品种。市场一致看好，必定散户关注太多，人人都在等抬轿子，主力不会轻易介入。多用反向思维，终能取得意想不到的收获。第二，多选取超跌、低价、筹码峰向主力集中的品种。筹码分布出现散户化时一般不会有什么好机会。第三，选取主力完成建仓，特别是进行了凶狠洗盘之后的买点介入。主力建仓之后，必定有洗盘、震仓，通常在此之前鲜有表现，横盘整理漫长，折磨人的意志。第四，短线选取强势股，不可过于追求图形、K线漂亮，反而应该选取那些周线、月线指标连续收阴，KDJ值处于20值以下超卖区的低估值、低市值品种介入。K线漂亮的股票，可能是主力实力并不强，只能借助图形好看，吸引更多的追风盘来减轻抛压。

如何选到赚钱最快的个股

选股思路决定炒股的收益，一轮行情下来，有的人能赚取几倍的收益，有的人收益却并不太好，甚至是不赚钱，这里面有是否选对热点的问题，也有选股思路的问题。通常来讲，选取赚钱最快的个股有以下策略。

（1）要选股性活的，回避呆滞品种。一般来讲，牛市里要选β系数高的品种，调整市中选β系数低的品种。前者是牛市里以进攻为主的策略，意在更多更快获取收益；后者是防御策略，意在减少调整带来的风险。

（2）要看底部量。有一种炒股技巧，就是看立桩量。所谓量为价先，看量不能单纯看量能，更要看量比，看持续程度。

（3）要选筹码集中、洗盘彻底的品种。一只个股，无论是在底部还是上涨趋势中的回调，量能萎缩到极限，就容易快速上涨，筹码集中才有利于快速拉升。

（4）要选均线粘连、上涨开口角度大的品种。通常来讲，开口越大上涨速度越强，但最有持续性的应该是在30°~50°，更大的开口时，速度虽快但持续性往往不强。

（5）股本要适中。对于中小投资者来说，资金量不是太大，并不适合选择一些大盘蓝筹等慢牛品种，除非是没时间看盘做长线，一般来讲应选中小盘为好。盘子太大，拉升需要的资金量就大，想快速上涨是不可能的。

（6）要选蓄势充分快速放量的突破品种。这实际上是最实用的操作手法，也是最基本的炒股思路。但实际操作中很多投资者不是不敢进，就是进了之后被主力强行洗出去了，蓄势突破之后的个股其上涨大多会有一定的空间。蓄势越久，突破后的爆发力越强。

（7）要注意介入时机。同样是一只牛股，不同上涨阶段速度不同。在庄家吸筹阶段，介入安全，但上涨速度很慢，需要更多的时间成本。最高明的手法，是等主力吸筹完毕，充分洗盘结束之后，放量启动拉升时再介入，这也就是通常所说的吃最肥的一段。

(8)要找有实质性概念、长期性题材、重组利好或业绩预期等等良好预期的品种，这样的个股才会具备连续拉升的理由。

能翻番个股共性特征

相对于业绩始终比较优良的绩优股而言，原来业绩较差，但经过重组或开发新品种、转换经营方向等过程后，业绩有翻天覆地般变化的上市公司有更大的涨升空间。具有翻番潜力的个股，其启动价通常比较低，一般在3~8元区间内。较低价格的原因通常有两个方面，一种是个股由于盘子较大、缺乏炒作题材、股性不活跃等原因，不受大多数投资者欢迎，市场反应冷淡；另一种是主力选中该股后，为了能在低位建仓，故意大肆打压，造成个股严重超跌，股价明显偏低。股价偏低几乎是所有实现翻番黑马的共同特征之一。

股价容易翻番个股大多有实质性的潜在题材作为动力，如资产重组、外资参控股、并购、高比例送转等。但是，中国股市历来有见利好出货的习惯，因此，投资者如果发现个股涨幅巨大，而原有的潜在题材也逐渐明朗化，转变为现实题材的时候就要注意提防主力借利好出货，应提早及时出局。

那些不理会大盘涨跌起落，始终保持强者恒强走势的黑马，一般是因为有具备雄厚实力的市场主流资金入驻其中，而且主流资金是属于进入时间不长的新庄。从股价走势上可以看出这些个股在启动前都曾经经历过一段时间的潜伏期，期间成交量有明显增大迹象、筹码分布逐渐趋于集中。当主流资金得以充分建仓后，一旦时机成熟，股价往往能拔地而起，涨幅惊人。

股价易翻番的超级黑马，除了具有以上的共同特征以外，还有一些具有个性的特征，比如，在股市低迷市道上市的次新股，由于定位偏低，当进入牛市阶段后，股价往往会出现强劲走势。

如何通过看盘来逃顶

顶部的出现跟成交量无关。上涨要看量，而下跌就不需要跟成交量挂钩，这跟投资行为的心理因素有关。如底部的情况。假定最低见到 5 元后，股价开始上涨，跟最低价 5 元比，现在的价格要高过 5 元。在这种情况下，市场就一直会有抛盘出现，因为跟 5 元比，现在的价格更高了，只要前面有一个低价摆在那里，自己卖出就不算亏。上涨要顶着源源不断的抛盘而展开，因为一直有人愿意抛给你，所以股价从底部起来就必然伴随着成交量的放大。如顶部的情况，最高价 10 元见顶之后，股价开始下跌。跟最高点 10 元比，现在的价格明显亏了，卖不卖就会成为一个很纠结的问题。所以，有量可能下跌，没量同样也可以下跌。

一轮升势的展开，是通过买盘不断进场而延续的。但终结升势的，一定是卖盘的出现，尤其是当卖盘远远超过买盘的时候，顶部就得到了确认。判断市场是否出现卖盘，而且呈现压倒性优势，主要可以从以下几个方面来考察。

(1)领涨板块见顶。一般来说，在同一轮行情的演变和发展过程中，推动领涨板块上涨的通常是这轮行情的主力。与此同时，市场的选股理念和投资心态也形成了一定的惯性。如果领涨板块见顶，通常说明两个问题，一是这轮行情的主力开始撤退了，二是市场的选股理念发生了分化。无论是主力撤退还是理念出现动摇，结果都会使得这轮行情走到终点。所以，在大部分情况下，领涨板块见顶之后，尽管大盘可能还有上涨惯性，但这种惯性上涨通常是强弩之末。因此，领涨板块见顶，就是大势见顶的信号。先有领涨股见顶，后有大势见顶，在这两个顶都出现以后，抛股票就不能犹豫了。

(2)K 线形态预警。K 线图综合反映了股价走势的时间和空间关系。一般来讲，出现以下几种 K 线组合，都是顶部已经形成的强烈信号。一是上影线很长的 K 线。上影线很长的含义是有人愿意以比最高价低很多的价格继续卖出股票，这说明卖家的决心很大。二是连续三根甚至更多的小阴小阳下跌。从理论上讲，K 线是可以叠加的，三根小阴小阳线下跌，单独地看不能说明问题。但如果将三天重心不断下移的小阴小阳叠加在一起，情况就不一样，它会给你一个股价要暴跌的强烈暗示。三是振幅不断扩大、股价不涨后，转而波幅迅速缩小，也就是 K 线形态出现了钻石菱形。钻石菱形不是一个好兆头，振幅扩大，说明市场心态趋于浮躁，转而突然收敛，说明投资者开始警觉。这种浮躁加警觉的 K 线组合，也有很强的见顶意味。

(3)均线系统发散。一般来讲，短、中期均线的排列会有一定的规律，如果均线系统出现发散，说明市场的筹码有松动的可能。而筹码松动，通常是抛盘出现的一个前提条件。所以，对于均线系统处于严重发散的个股，我们一定要有所警觉。

(4)价量关系异常。有几种情况都可能是顶部的信号，而这种信号通常会通过价量关系的异常反映出来。比如，放量不涨，或者放量滞涨，这说明市场能量消耗极大。如果进场的资金以短线为主，只要不涨，他们就会抛出来。只要他们抛出来，就可能会引发共振。再比如，无量空涨，股价涨得很快，但成交量跟不上，这就意味着筹码是松动的，而筹码松动，很容易形成顶部。总之，价量关系的异常跟顶部的形成有很大的关系。

有代表性的诱多方式

(1)尾盘突然拔高股价，吸引眼球。通常有两点，一是这些主力为了制造弱市中还有赚钱机会的现象，维持每天盘面的活跃气氛；二是主力利用少量资金制造尾盘抢筹现象，做高收盘价，把 K 线图画好，欺骗散户跟进做短差，一旦有资金跟风，次日就直接低开关人。

(2)经常在下方堆积大买单，却从不主动吃进。如无利好等消息突然涨停的个股,实际上,上方买一的涨停封单却在悄悄撤走,当散户买盘挂出的时候,突然全部撤销,所有散户追盘资金被套。

(3)大手笔频繁买进卖出,制造盘面活跃。区分这样的个股很容易,也就是我们经常见到的对倒情形,它们的买进完全不是强庄股的风格,强庄想涨就涨,多少抛单都照收,霸气作风一览无余。

(4)技术图形非常好看的个股,应该警惕。制造好看的技术图形,如双底、圆底等形态欺骗散户投资者可能就代表了主力的怯场。

(5)除权股带量上涨,感觉是价量齐升,实质上是主力借助除权缺口,造成价格"低廉"的假象骗人。特别是在尾盘突然启动的前期涨幅不小的个股,往往都不是什么好事情。

如何在反弹中换股

换股是一种主动性的解套策略,运用得当的话,可以有效降低成本,增加解套的机会。一旦操作失误,也会陷入"吃力不讨好、两边挨巴掌"的窘境,所以投资者在换股时要非常慎重。换股的方法和原则如下。

换股方法。(1)以"强"换"弱"。主力资金操作一只股票,大致上可以分为吸筹、洗筹、拉升、出货、离场等几个阶段。当一只股票已完成主升浪,主力基本出完货,其上攻能量就会散尽,即使高位横盘,也只是强弩之末,上涨的空间较小。这时候,投资者就不如选择主力正处于吸筹期的相对"弱势"股。(2)以"弱"换"弱"。就是将手中被主力彻底抛弃的弱势股,调换成新主力资金进场的弱势股。因为前者在弱市中就像自由落体,底不可测,即使大盘走强,也往往反弹乏力,在整个行情中不会有出色的表现。后者由于有新的主力资金进场,尽管暂时表现一般,但终会有见底转强的时候。(3)以"强"换"强"。有些股票经过快速拉升后,即将或者已经进入高位盘整,个别的也可能仅靠惯性上涨,但投资者追涨的热情明显不高,盘面出现放量滞涨的迹象。这时候,投资者应该及时将其换成刚启动即将进入快速拉升期的股票。

遵循原则。(1)放量优先原则。即留下底部放量个股,换掉底部无量个股。因为凡是在底部无量的股票,其走势一般会弱于大盘,即使将来被主力选中,主力在建仓前也会把它打下去再吸筹。即使该股已有主力进驻,如果底部不放量,说明主力早已吸够了筹码,很有可能在反弹时派发,将来的上升空间不会大。(2)"死股"换"活股"原则。有些股票全天成交稀少,换手率很低,每天仅在几分钱上下波动,这些就是典型的冷门股。如果投资者手中有这样的个股,应及早把它抛出,换入现在属于主流板块、成交活跃、市场关注度高,但涨幅还不大的个股。(3)弃"老"留"新"原则。一些上市时间不长、没有被疯炒过的次新股,上档套牢盘很轻,很容易激发主流资金的炒作热情。(4)留"低"换"高"原则。低价股的优势有几个方面,一是容易被市场忽视,投资价值往往被市场低估;二是低价股由于绝对价位低,进一步下跌的空间相对有限,尤其是在A股市场,由于缺乏退出机制,极少有上市公司破产,所以低价股风险较低。如果是从高位深跌下来的低价股,离上档套牢密集区较远,具有一定的涨升潜力。而高价股本身的价格就意味着高风险,面临较大的调整压力,所以,换股时要换出高价股,留住低价股。

投资者换股时,应该牢记以下几点:一是在弱市中一般热点的持续性不会很长,因此,不要盲目追逐热点,一定要对市场脉动有所分析;二是警惕大盘调整时的抗跌股,因为在弱势调整中的抗跌股,很有可能在大盘转强时被主力资金抛弃;三是不要追高换股,因为在弱市中不愁没有好的买点,要学会空仓等待;四是换股时要多考虑高成长、小盘、低价、次新、股本扩张能力强、题材丰富等条件的个股。

异动股的机会和陷阱

异动股是指与大盘走势迥然不同的个股,如大盘大跌,异动股逆市飘红;而大盘涨时,异动股却走出自己的独立行情。异动股属于较为特殊的个股,它或是量的异动,或是价的异动。交易所将每日涨跌幅大于7%、振幅大于10%的个股列为异动股,还将大幅高开或低开的个股以及成交量突然放大的个股都列为异动股。在市场个股分化越来越严重的情况下,异动个股中往往能够跑出大牛股来。但是,异动股里也有陷阱,如果把握不准就有可能掉入主力设计的圈套,造成操作上的重大失误。

(1)放量跳空低开的异动股。在早盘开盘时,有个股突然出现跳空低开5个点以上,而且在集合竞价阶段成交上百万股,面对这一异动情况我们要密切关注。如果这种异动股并不是因为政策面出现重大转折,也不是因个股出现非系统性风险,那么,就可以认定是主力洗盘的前兆。放量跳空低开,表明庄家仍潜在其中并未出局,低开明显是震仓洗筹行为,是为接下来的拉升扫清障碍。

(2)大幅跳空高开的异动股。一般来说,前一天涨停的个股,第二天都会有跳空高开的动作,但是前一天并未涨停的个股,如果第二天大幅跳空高开,则有两种可能:一种是主力的试盘动作,看上方的抛盘究竟有多大,适不适合拉升股价;第二种可能是主力故意做出拉升的动作,以吸引中小投资者跟风,目的却是为了出货,这种高开很容易形成低走。

(3)尾市打压,K线留下长阴线,次日迅速涨回的异动个股。投资者在操盘中有时会发现一些个股全天走势稳健,却在临收市时突然放量下跌,在K线图上留下一条长长的阴线,而第二天却又轻松收复失地。如果此股的30日均线处于明显的上升态势,而股价涨幅不大,则完全可以认定这是典型的打压洗筹行为。

(4)无故突然放量的异动个股。一些个股在盘中突然异常放量,盘口出现数千手的巨量买单和卖单,日换手率在20%以上,给人的感觉似乎是在换庄。而事实上,这种异动个股除大幅放量之外,股价还存在明显的滞涨现象,因而可以认定是主力想吸引中小投资者参与而刻意制造交易量放大的假象。如果此时30日均线、OBV指标均未出现上扬,则更可确定为主力的诱惑行为。

(5)连续温和上涨,但偶尔突发跳水的钓鱼竿似异动个股。有的个股在盘中呈现出45°角的上扬走势,而且日K线图上为连续的小阳线,但是,盘中却时不时地出现一下跳水的走势。对如此异动个股,中小投资者以不参与为宜,因为你根本搞不清楚它会在什么时候真正地跳水。

高换手率是福是祸

换手率是指某只股票在一定时间内的成交股数与其流通股本之间的比值,换手率高的股票表明资金进入量相对较多,属于热门股;反之,则属冷门股。高换手率是股价运动过程中发出的一种股市语言,这种语言在不同时间、不同位置表达出不同的内在涵义,需要投资者悉心揣摩。

低位高换手率表明有机构在吸货、囤积筹码,筹码正在由分散持有的散户手里向机构大户集中,该股日后必将有一波上涨。高位高换手率表明有机构在对倒放量,吸引散户跟进,在高位派发高价筹码,筹码正由庄家集中持有的“仓库”流向散户的“小口袋”里分散持有,该股日后必跌。

利空中低位高换手率表明市场上的有心人在股价处于中低位时正趁利空大口吞吃散户因恐慌而割掉的廉价筹码。敢于在出利空时囤积货物还说明,这种利空是暂时的、非致命性的,后市必有好戏。利多高位高换手率表明参与该股的机构正在利用好消息在高位派发高价筹码,宴席即将散去,吃得酒足饭饱的先知先觉者利用好消息疯狂逃跑,后知后觉的散户正好赶来付款结账。

总之,高换手率对于跟庄操作的散户是福是祸不能一概而论,要结合盘面特点、炒作规律和公司基本面的情况全面分析衡量之后才能做出最终的正确判断。

涨停及封单分析

有人将涨停板按照等级划分为六种。

（1）钻石级。此类涨停就是我们通常看到的一字涨停。这样的形式无疑是最强的涨停板，主力以一种毫不讲理的方式拉升股价，气吞山河的扫货方式足以彰显主力资金的强大，遇到这种钻石级的涨停板，无论股价处于上升趋势还是下降趋势短线投机者都可放手一搏。

（2）黄金级。此类涨停的特点是高开3%以上，早盘5分钟内一波就涨停。这也是极强的一种涨停板。黄金级涨停仅逊色于钻石级，对于爱好短线的投资者有极强的参与价值。

（3）白银级。此种涨停的特点是早盘高开，在9点30分至10点30分时间段内封死涨停。开盘一小时封死涨停，而且封涨停的时间越早说明其强度越高，临盘参与的价值也就越大。

（4）翡翠级。这类涨停的特点同样是早盘高开，在10点30分至11点30分时间段内封死涨停。这个时间段内封死涨停的股票，显然在强度上要逊色于前面三个等级的股票，但还毕竟属于早盘涨停的个股，所以，同样具有参与价值，翡翠级的涨停高开越大，涨停时间越靠前参与的价值越高。

（5）青铜级。这类涨停的特征是在午盘13点至14点时间段内封死涨停。这个涨停的强度一般，主力要么是谨小慎微，要么就是实力不很强大。这样的涨停参与价值一般，如果大盘处于弱势行情下建议以观望为主。

（6）黑铁级。此涨停是在午盘的14点至15点封死涨停。属于尾盘涨停的股票。这个时间段封死涨停的股票其主力实力非常一般或者非常谨慎。在市场的尾盘阶段，很多投资者已经昏昏欲睡，多数人无心恋战，此时封涨停所遇到的阻力最小，但是主力这种偷鸡摸狗般的偷袭涨停本身就是一种怯场行为，涨停封死的时间越晚说明主力的实力越弱，或者主力根本无意投入大量资金拉升股价。黑铁级涨停强度太弱，投资者不要参与其中。

涨停时带有巨量封单，这是股价涨停的一种类型。这里的巨量一般来说要达到流通盘的5%以上。按时间划分，这种涨停可以分为三种类型。一是一开盘就是伴有巨量封单的涨停；二是开盘后快速上冲然后巨量封住涨停；三是中午收市前后上冲，然后再巨量封住涨停。基本面平静，一开盘的巨量封单就只能是主力的。主力告诉我们有这么多的买盘挂在涨停板上，股价要大涨。很明显这是虚假的信息。由于巨量封住涨停，实际上是买不到筹码的，因此，主力的表态主要是不希望抛盘出来。另外，主力也不是在建仓期，这才是主力不想告诉我们的信息。如果股价是在低位，那么主力有可能想做一波行情，但也有可能是拉高以后减仓。如果股价在高位，表明主力控制的筹码较多，同时股价也在主力的获利区域。即使爆出巨量甚至一度打开涨停，但后来又快速用巨量封住涨停，那也只是强调了买盘巨大的虚假信息，实际上其中很大一块是主力自己的对倒盘。如果股价处于从高位回落后的回稳过程，那么表明当前市场上的筹码大多还是被套，因此，主力还要借助大量持筹的优势将股价再度推高。由于前期股价已经有过回落，表明主力减仓不顺，但仍然会继续寻机减仓，但不一定是全身而退。

通过巨量封单这一个细节加上后面完整的图形分析，我们大致可以摸清主力的意图从而制定自己的操作策略。一般，当封板量/当日成交量>1，表示买气较大，次日仍会有高点；若封板量/当日成交量>5，次日仍有涨停可能；当天走势，开盘即封停，做多意愿坚决，不开板坚决持有；虽有开板，3分钟内又被封板，继续持有，否则可出局；开盘后直线拉涨停，多为强庄所为，关注次日走势，一旦次日冲高不能封板且成交量过大则果断卖出；震荡涨停板，一般不易被发现，即使发现，该股涨幅已大，盘中震荡易使前几日获利盘洗出，这一类涨停板个股上升空间更大。

涨停板个股的次日开盘情况。平开,说明主力有借昨日的涨停压低出货的可能,该股下破昨日涨幅一半时,可借反弹出货;低开,若次日出现低开,但并没有出现单边下跌,反而快速被拉起或再一次涨停,应视为洗盘,低开后不能快速拉起,可视为出货;高开,高开后一般会上冲,若在二波不能涨停时可短线卖出;一旦形成长上影K线,收盘前应了结;若高开后立即回调,可能是主力出逃或洗盘,关键要看下调后能否在半小时之内再一次把股价拉回到开盘点之上,否则出局。

涨停板上放大量情况。大成交量一般有两种意义,一是主力进一步建仓,二是主力出货。怎样来判断主力出货还是建仓?首先,要对比股票前期底部与现在涨停后放量时的距离,若前期底部与涨停放量处股价涨幅有30%以上,就必须注意主力有出货的可能。第二,看放量前股价的走势,如果是较强上升至涨停板放量处,一般主力很难出货或者很难全身而退,这类个股还会有第二次放量的机会。在放量的个股中,当天的走势和未来几日的走势能大体推算出主力动向。若放量当天仍以涨停报收,那么,未来仍有一定上升空间;若当天放量拉出带有上影线的阴线,那么短期调整不可避免;如果当天放量拉出阴线,后几日不破10日均线,并且放量再次攻破前期放量高点,未来仍有上升空间。

做收盘(开盘)分析

(一)做收盘

(1)收盘前瞬间拉高。在全天收盘前半分钟(14:59)突然出现一笔大买单加几角甚至1元把股价拉至很高位。说明主力资金实力有限,为节约资金而能使股价收盘收在较高位或突破具有强阻力的关键价位,尾市"突然袭击",瞬间拉高。由于大多数人未反应过来,等反应过来也收市了,无法卖出,主力因此达到目的。

(2)收盘前瞬间下砸。在全天收盘前半分钟(14:59)突然出现一笔大卖单减低很大价位抛出，把股价砸至很低位。这种方式有三个目的。一是使日K形成光脚大阴线，或十字星，或阴线等较“难看”的图形使持股者恐惧而达到震仓的目的；二是使第二日能够高开并大涨而跻身涨幅榜，吸引投资者的注意；三是操盘手把股票低价位卖给自己或关联人。

（二）做开盘

（1）瞬间大幅高开。开盘时以涨停或很大涨幅高开，瞬间又回落。这种方式有三个目的。一是突破了关键价位，主力不想由于红盘而引起他人跟风，故做成阴线，也有震仓的效果；二是吸筹的一种方式；三是试盘动作，试上方抛盘是否沉重。

（2）瞬间大幅低开。开盘时以跌停或很大跌幅低开。目的，一是出货；二是为了收出大阳使图形好看；三是操盘手把筹码低价卖给自己或关联人。

盘中瞬间大幅拉高或打压分析

盘中瞬间大幅拉高或打压，主要为做出长上、下影线。

（1）瞬间大幅拉高。盘中以涨停或很大涨幅一笔拉高，瞬间又回落。目的是试盘动作，试上方抛盘是否沉重。

（2）瞬间大幅打压。盘中以跌停或很大跌幅一笔打低，瞬间又回升。目的，一是试盘动作，试下方接盘的支撑力及市场关注度；二是操盘手把筹码低价卖给自己或关联人。

震仓分析

（1）控盘建仓式震仓。某主力非常看好一个品种，在已有相当筹码的情况下，使用明显弱于大盘走势的下降通道趋势震仓，其特点是股价运行有规律且无量，每天分时图上的微观波动有逆盘特征（否则达不到建仓的目的）。

（2）清洗浮筹式震仓。一些主力在正式上涨发动前，为了达到最后的建仓与清洗浮筹的目的而使用短线快速下跌走势，其特点是有消息配合或者日交易时间的最后一个小时出现放量下挫。

(3)逆反做空方式震仓。在大盘没有上涨空间或者市场背景明显给出做空提示的背景下，主力在没有明显盈利点时大举做空，为后市腾出盈利空间，其做空震仓的主要目的是打出恐慌盘(此时会强反弹)并把指数打到低位(无恐慌盘出现，大盘需要较长时间的横盘处理或弱反弹)。

(4)操作经验比较丰富的机构一般不轻易震仓，因为那样会有交易成本的损失，短线庄股不宜震仓，但新机构比较喜好震仓。

轧空分析

主力在完成底部建仓后，关键就是使股价脱离成本区，此时需要轧空运作，轧空运作的主要交易时间段比较容易发生在周末与周初，且在开盘交易的前一个小时，除了脱离成本区以外，不少主力机构还有以下目的。如(1)长期反复在低位箱体震荡的冷门股，让市场猜测题材；(2)基本面或者消息面发生渐进性的重大转机与题材；(3)长期走上升通道的个股在出货前的最后疯狂；(4)大盘进入末期的大盘指标庄股；(5)被重套的庄股拆借来新的解套资金。

建仓完毕分析

(1)拉升时挂大卖盘。一只股票不涨不跌时，挂出的卖盘比较正常，而一旦拉升时，立即出现较大的卖盘，有时甚至是先挂出卖盘，而后才出现上涨。出现这种信息，如果卖盘不能被吃掉，一般说明主力吸筹不足，或者不想发动行情；如果卖盘被逐渐吃掉，且上攻的速度不是很快，多半说明主力已经相对控盘，既想上攻，又不想再吃进更多的筹码，所以拉的速度慢些，希望散户帮助吃掉一些筹码。

(2)下跌时没有大承接盘。如果主力建仓不足，那么在洗盘时，不希望损失更多的筹码，因而下跌时低位会有一定的承接盘，自己卖给自己，有时甚至是先挂出接盘，再出现下跌动作。而在主力已经控制了较多筹码的股票中，下跌时卖盘是真实的，低位不会主动挂出大的承接盘，目的是振仓，以便为下一波拉升作准备。

(3)即时走势的自然流畅程度。主力机构介入程度不高的股票，上涨时显得十分滞重，市场抛压较大。主力相对控盘的股票，其走势比较流畅自然，成交也较活跃。盘口信息显示，多方起着主导作用。在完全控盘的股票中，股价涨跌则不自然，平时买卖盘较小，成交稀疏，上涨或下跌时才有意挂出单子，明显给人以被控制的感觉。

(4)大阳线次日的股价表现。这个盘口信息在研判中的作用不可小视。一只没有控盘的股票，大阳线过后，第二天一般都会成交踊跃，股价上蹿下跳，说明多空分歧较大，买卖真实自然，主力会借机吸筹或派发。而如果在大阳线过后，次日即成交清淡，波澜不惊，多半说明已被控盘，主力既无意派发，也无意吸筹。

主力建仓有两种，即低吸建仓和拉高建仓。低吸建仓每日成交量低，盘面上看不出，但可从盘口的外盘大于内盘看出，拉高建仓导致放量上涨，可从盘面上看出。如果某只股票在一两周内突然放量上行，累计换手率超过 100%，则大多是庄家拉高建仓，对新股来说， 如果上市首日换手率超过 70%或第一周成交量超过 100%，则一般都有新庄入驻。如果某只股票长时间低位徘徊(一般来说时间可长达 4~5 个月)，成交量不断放大，或间断性放量，而且底部被不断抬高，则可判断庄家已逐步将筹码在低位收集。应注意的是，徘徊的时间越长越好，这说明庄家将来可盈利的筹码越多，其志在长远。

推土机走势分析

推土机走势是指股价开盘后经过短暂的轻微震荡， 开始逐步小幅缓慢爬升，直到收盘。它的价格均线保持平滑向上趋势，股价全天在均价线之上，成交量保持活跃状态。如果在低位启动时出现这种走势，及时跟进；如果股价已经快速拉升后，出现横盘走势时就要小心了，可能在盘中会出现钓鱼竿的情形，庄家就有可能开始出货。“钓鱼”线，即在个股当日即时走势中，开始基本保持某一斜率上行，之后突然直线大幅跳水，形成类似一根“鱼竿”及垂钓的“鱼线”的图形。此为庄家对倒至高位，并吸引来跟风盘后突然减低好几个价位抛出巨大卖单所至。此时若接盘不多，出不了多少，可能庄家仍会拉回去，反之，则一泻千里。

对倒与对敲分析

对倒，是指主力在自己管理的多个账户之间进行买卖，也就是自己买自己卖，是主力的惯用手法，其目的用在震仓或吸引跟风盘或拉升股价。对敲，是指主力与主力之间通过协商，一方把筹码倒给另一方，通常发生在某一个价位区域，但实际成交的价格与协议的价格有相当差异。

不管是对倒还是对敲，都有可能是主力布下的圈套，是主力出货的惯用伎俩。由于主力手中筹码巨大，如果直接出货，容易导致股票价格大幅下跌，影响主力获利。这时主力就利用大众跟风心理，制造成交量放大的假象，以吸引诱惑认为此股票即将放量上涨的众人跟风买入，主力得以获利退出。当然，金融手法千变万化，没有常规。对倒不一定是出货，出货也不一定对倒，这需要根据当时的大盘环境和个股股价综合判断，如果大盘处于下跌阶段或者个股处于拉升后的平台整理区间，则主力出货的可能性大。一旦主力派发接近尾声，也就不太计较成本，股价的下跌也就失控了，接下来的行情就交给其他的投资者之间去操作，股价就可能出现无量持续下跌的现象。

挖坑分析

所谓挖坑，就是股价在经过一段时间横盘整理后，突然选择向下突破，这种突破带有急速、缩量的特征。而这种横盘与下跌是脱离基本面的，下跌周期一般在一周左右。下跌后紧接着是一轮小幅震荡向上或者低位横盘（也叫坑底），不久股价回到了前期高点（俗称坑沿位置），并在这个位置放出很大的成交量。这时股价只能出现三种走势，一是强力突破前期高点；二是在高点附近横盘；三是迅速回落。前两种都是即将上攻的信号，最后一种则需要小心，也许股价正走出双头走势。若股价没有回落，挖坑完毕后的股价将急速拉升，而前面挖的坑也就是名副其实的钻石坑。

从投资心理上看，主力正是利用急跌将散户套牢，这时已经获利的人为了避免利润减少，纷纷选择就此出场，保存利润和本金，此时主力收集一部分筹码；而再次将股价拉升至坑沿的时候，套牢已久的散户集体出逃，主力再次乘机收集筹码，过后的拉升也就顺利得多。投资者在参与股票投资过程中，经常会遇见短线股价急速下跌，随后又出现反转走势的形态，主力资金真正意图为“假摔真涨”。这样的形态是庄家惯用伎俩之一，经常用来在建仓后要启动行情之前的某个位置，目的就是使散户在挖坑时抛出筹码，供主力在挖坑时尽情吸纳廉价筹码。

在挖坑的底部，是很难判断到底是庄家丢弃筹码而逃还是所谓的挖坑陷阱。但是，投资者可以通过实际的股价运行变化加以判断，如果股价出现挖坑之后的反弹，力度越来越强，股价顺利放量通过前期头部，此时应该进一步引起投资者关注，只要庄家敢于拉升股价通过前期高点，则整个“假摔”行为宣告成立。因此，对于此种形态的股票，应该采取及时跟进的操作策略。

做分时差价摊低成本

当股价分时经过急速拉升开始回靠均线时，盯着分时成交柱线，第一根分时成交阴线卖出做差价，第三根分时成交阴线买回来，一般分时快速回落调整到第三根阴线就是低点，这样做差价虽然赚的幅度不大，很多时候只有 1%~2%，但是很快，一般一两分钟就做成一笔，如果每个交易日都能有这样的收益也比较可观。需要注意的是，这个方法必须是手里已经有的、很熟悉的股票，而且最好不要满仓做差价，防止一根假成交阴线洗一下就往上拉，满仓做把筹码做丢了，三分之一仓位做起来比较好。

一般股价第一次冲高都会有一次快速回靠均价的走势，再次冲高时可能还会回靠一次，所以按照这个规律，一般第一波差价很快就能做成，如果顺利，十分钟甚至两三分钟之内连卖带买就完成了，差价到手。第二波差价做起来会很费劲，选择在高点卖出后，股价一般会迟迟跌不到买回的价格，甚至经常出现突然的止跌拉升走势。这时候一定要耐心，想想为什么做差价，所以不要急着买，总会有更低的价格让你买。如果当天分时出现第三波回落，这个差价就不要做了，一般第三波回落下去就起不来，干脆高点卖了等第二天或者更长周期做个更大的差价。

只要是早盘冲高，特别是开盘后半小时内冲高的股票，如果第一波冲高后，量能不能跟上，则全天可能会出现冲高回落的走势。因此，早盘连续冲高两波的股票只要在半小时内不涨停，则可以卖出一半的仓位来出局观望。如果长期看好此股，则可以在盘中的低点或者第二天买回。

第18章　理性与运气

股海搏杀，血雨腥风，赢家毕竟是少数，正可谓是“一将功成万骨枯”。也许不是每个中小散户都有机会成为投资大师，但学学他们的成功经验，提升自己的操作水平却是大家都可以做到的，如下就是一些大师们的投资精髓。

沃伦·巴菲特。以价值投资为根基的增长投资策略，看重的是个股品质。具体做法是买入具有增长潜力，但股价偏低的股票并长线持有。长线投资致富之道，在于每年保持稳定增长，利用复式滚存制造财富。

乔治·索罗斯。在市场转折处进出，利用羊群效应逆市主动操控市场进行市场投机。具体做法是，在将要大起的市场中投入巨额资本引诱投资者一并狂热买进，从而进一步带动市场价格上扬，直至价格走向疯狂。在市场行将崩溃之时，率先带头抛售做空，基于市场已在顶峰，脆弱而不堪一击，任何风吹草动都可以引起恐慌性抛售，从而又进一步加剧下跌幅度，直至崩盘。

安得烈·科斯托兰尼。在市场转折前夕进出，逆向操作，忍受市场最后的下跌，远离市场最后的辉煌。看重的是市场趋势。具体做法是在下跌的过热阶段买进，即使价格继续下挫也不必害怕。在上涨的修正阶段继续买进，在上涨的相随阶段只观察，被动随行情波动。到了上涨的过热阶段，投资者普遍亢奋时，退出市场。

彼得·林奇。以价值投资为根基的实用投资策略。是从生活中发掘有潜能的股份，投资具有潜力且未被市场留意的公司，长线持有，利用复式滚存稳步增长。

是川银藏。以价值投资为根基的“乌龟三原则”投资策略，既看重个股品质也看重市场趋势。具体做法是勤奋做功课，收集各种重要统计资料，详细分析，找出经济变化的动向，再以研究成果作武器炒股，并且坚持“只吃八分饱”。

约翰·坦伯顿。将投资股票比喻成购物，不论买楼买车、买衣服鞋袜还是买股票，都要四处比较价格，用心发掘最好的商品。具体做法是永远在市场最悲观的时候进场，寻找价廉物美的股票，长线持有。

理　性

理性是指人在正常思维状态下时，有自信与勇气地遇事不慌且能够全面了解和总结并尽快地分析后，恰当地使用多种方案（这些方案可以是预备的或是临时的）中其中的一种方案去操作或处理，达到事件需要的效果。理性是基于正常的思维结果的行为，反之就是非理性。理性的意义在于对自身存在及超出自身却与生俱来的社会使命负责。理性是对事物内在的认识，感性是对事物的表面认识。

建立在“经济人”假说之上的完全理性决策理论只是一种理想模式，不可能指导实际中的决策。西蒙的有限理性模型（最满意模型）是一个比较现实的模型，它认为人的理性是处于完全理性和完全非理性之间的一种有限理性。有限理性决策的主要观点如下。

（1）手段—目标链的内涵有一定矛盾，简单的手段—目标链分析会导致不准确的结论。

西蒙认为，手段—目标链的次序系统很少是一个系统的、全面联系的链，组织活动和基本目的之间的联系常常是模糊不清的，这些基本目的也是个不完全系统，这些基本目的内部和达到这些目的所选择的各种手段内部，也存在着冲突和矛盾。

（2）决策者追求理性，但又不是最大限度地追求理性，他只要求有限理性。

这是因为人的知识有限，决策者既不可能掌握全部信息，也无法认识决策的详尽规律。比如说，人的计算能力有限，即使借助计算机，也没有办法处理数量巨大的变量方程组；人的想象力和设计能力有限，不可能把所有备择方案全部列出；人的价值取向并非一成不变，目的时常改变；人的目的往往是多元的，而且互相抵触，没有统一的标准。因此，作为决策者的个体，其有限理性限制他作出完全理性的决策，他只能尽力追求在他的能力范围内的有限理性。

（3）决策者在决策中追求"满意"标准，而非最优标准。

在决策过程中，决策者定下一个最基本的要求，然后考察现有的备择方案。如果有一个备择方案能较好地满足定下的最基本的要求，决策者就实现了满意标准，他就不愿意再去研究或寻找更好的备择方案了。这是因为一方面，人们往往不愿发挥继续研究的积极性，仅满足于已有的备择方案；另一方面，由于种种条件的约束，决策者本身也缺乏这方面的能力。在现实生活中，往往可以得到较满意的方案，而非最优的方案。

根据以上几点，决策者承认自己感觉到的世界只是纷繁复杂的真实世界的极端简化，他们满意的标准不是最大值，所以不必去确定所有可能的备择方案，由于感到真实世界是无法把握的，他们往往满足于用简单的方法，凭经验、习惯和惯例去办事。因此，导致的决策结果也各有不同。

运 气

运气的定义为某种事件发生的概率微小、随机性强、无法计算且不可控制的情况下，事件结果产生后恰好与某人的猜想或个人情况决定一致，并且在现实中发生一般为不可思议或完全不可能存在的背景下发生的事件。民俗中认为，一个人的运气有两种，一种是出生时就带来的，这是与生俱来的好运气；另一种是后天做善事积累善缘换来的好运，所以，古代有句话叫做“善恶到头终有报，做好事莫问前程”。

自古以来人就讲运气，俗话说：“运气好，不用起早。”在我们追求事业成功的现实中，成功有很多种，有基础、有条件、靠实力、靠环境等因素自然重要，但大多是在努力的征途中靠运气得以完成和实现的。其实，运气是一种说法，是一种机遇，是一种思想，是一种理解，是一种意外，是一种福分，是一种迷信，也是一种信心，更是一种力量。人的幸运固然重要，但更重要的是在幸运中能认识自我、把握自我。运气在我们人生过程中占有相当的比重，无论是有可能还是不可能，人们都做着升官发财的梦，只要生命不止，欲望还在，人生的梦想总是萦绕心怀。历史和现实告诉并提醒我们，针对人生追求既要客观分析，又要主观努力，无论是人的初级阶段生存，还是趋向高级阶段生活，都是为了各自所需、满足和愉快。可以说彼此不分高低，但所面对的程度不能不使人有大小和上下之别。运气带给我们什么是看不到的，只有我们自己来感受和领略。

赌博中的运气与预知能力是非常奇特的东西，当我们打牌的时候，赢钱了，就说运气好，输了就认为是运气差；算牌的时候算准了就说是碰巧，算错了就说运气影响自己的判断能力，这已经是人类几千年来赌博中认定的事实。没有人会完全不相信这世界上存在运气这个东西，运气是一个无法研究的东西，至少在现在这个科学水平下，人们还无法解释运气的本质。但足够聪明、足够有资历的赌徒，能看到运气的表象，因为他们与运气打的交道太频繁了。这种赌徒，往往能透过重重烟雾，判断出局势的走向，也就是所谓的慧眼独具。真正稳赢的职业赌徒，是凭着高深的数学演算，用最合理的模式来分配手中的注码增大自己的胜算来求胜，比如哈佛大学“21 点俱乐部”中的天才。不过，股市中的运气可能需要的不仅仅是对数字的敏感，更需要有对事物的前瞻性和盘面的敏锐度。

如果你想变富，你需要‘思考’，独立思考而不是盲从他人。我认为，富人最大的一项资产就是他们的思考方式与别人不同。

——罗伯特·T·清崎

选 股

我的选股思路是从下往上，并且多运用产品、企业、行业生命周期的观念，在公司的基本面从坏变好、从弱变强的节点上介入。因为只有这个节点所买的股票其股价才绝对的低，正是这个低价，也减少了不少风险。风水轮流转，“塞翁失马，焉知祸福”，只有当众人遗弃的“垃圾”，你能预感到它将来会变成金子，并在适当的时候拾起，加以时间的珍藏，最后就能得到很好的收益。这也是我多年来的习惯，在这个持股的过程中，你可以根据市场情况做一些波段操作，即使没有时间和机会进行波段操作，你也不用担心永远不能解套，因为任何基本面发生改变的股票都会有一次行情，只是这个行情的大小和启动时间无法预知而已。

对于“基本面派”和“技术派”之争，我更愿意把自己归类为前者。因为技术派依靠各种技术指标和成交量的结合来判断后市行情发展趋势有很大的局限性，多年来我一直不太相信技术的精准，成交量倒是一个不错的指标，但这些指标都是在行情不是很糟糕的情况下有用，一旦大盘持续下跌，成交量缩小到极致，所有的指标都会失灵，更何况不同的指标之间还存在矛盾呢？短期内影响市场的因素谁也无法预计，因此，许多技术分析的结论容易随着市场的发展而发生变化；另一方面，由于市场参与者的情绪波动，或是一些主力掩饰真实意图，技术上出现“杂讯”，容易影响对后市分析的正确率。基本面分析就不大容易遇到技术分析存在的问题，经过深入调研并调研清楚的基本面，以及在调研基础上对未来做出的预测和判断,可以作为相当长一段时间的投资指引。基本面分析的关键在于做出合理的未来假设,如果假设出现问题,那么最终的分析结果毫无疑问会成为误导，这就需要我们运用多方面的知识进行综合考虑,如上市公司所处的行业前景、产品地位、广告量和覆盖面,财务信息中的产品销售毛利率、公司负债率、每股净现金流等等,或许真的需要那么一点神秘的预感。

技术分析易变,基本面分析更容易令人安心。因此,在实际投资过程中,我们可以结合这两种方法来用。即用基本面分析作为是否投资某只股票或是某个股票组合的依据，用技术分析进行恰当的选时选价。通过两种方式的结合,达到犯错误的次数远远小于正确的次数,特别是减少犯大错误的概率。

凡事总有盛极而衰的时候,大好之后便是大坏。重要的是认清趋势转变不可避免。要点在于找出转折点。

——罗杰斯

心　态

我认为能否在股市中赚大钱需要的是运气，而能否长期在股市中生存需要的是心态。在某种程度上,心态比运气更重要,因为心态是可以调节的,而运气却是可遇不可求的。回忆我从事股票投资这么多年以来,我的心态始终保持得比较平稳,为什么我有如此高深的修养呢？或许因为我是非专业人士，或许因为我没有大亏过,或许我从来没想过要在股票上赚多少钱……

一个人如果太在意某件事情的结果，可能会产生非常大的压力,进而肯定会影响你的心态。记得在 2008 年股市最低迷的时候,我给我的同学说我亏了 50 万,当时把我同学吓了一跳,当她发现我并不是很着急的样子，就笑着对我说："你真沉得住气呀！"我说："没什么的，我只是从别人的口袋里面把钱拿出来一段时间放在了我的账户上，现在又还给别人了。"

钱本来就是身外之物，特别是对于我这种长期征战在股市中的人，它更多的时候就是一些数字符号，多多少少都是一回事。当然，这种良好心态的养成离不开时间的磨练，想当初我3000元进入股市的时候，赚了点小钱就可以高兴好几天，现在一天赚几万或者亏几万就好像吃顿饭这么简单。因为我比较保守，对市场心存敬意，因此对于价格较高的股票我基本不碰。比如创业板，虽然有分析师说创业板公司的成长性好，但我从来不信，因为我认为中国的创业板就有点像当年的美国纳斯达克，泡沫破灭只是时间问题，创业板的高溢价并不是来源于公司的高成长性，而是因为袖珍股本下，人为炒高的结果。

同时，在中国创业板上的股票，大股东基本属于自然人，我认为他们想方设法地包装上市，其真实意图可能并不是为了做大做强上市公司，而是借机实现资本暴利的神话才是他们的豺狼之心，不然中小板上的大股东一到股票解禁时为何大量抛售自家的股票呢？据证券时报网络数据部统计，中小板从创立的2004年至2012年的8年中，近700家上市公司中有237家公司的原始股东(持有首发限售股的股东)出现减持行为。创业板大股东或者自然人出现集体抛售的现象肯定会在A股市场上呈现，这不仅与中国企业家的素质等方面有关，更与资本逐利的本质有关。当然不排除有极少数公司会不断壮大，成为创业神话，我想作为普通投资者，能选中它们，就同买彩票没什么差别。创业板上市已经3年了，可是我从来没有买过创业板上的一只股票，即使中签，我也从来没有参与过，我更无法理解公募基金对创业板股票的追捧，畸形的创业板文化必将让参与者付出沉重的代价。

总结我近几年买的股票，很少有价格超过10元的，当然这也不绝对，因为股票价格的高低需要同大盘的点位和个股的股本相结合来考虑。我有个基本的概念，那就是上证指数以3000点为中轴，3000点以上，10元的价格也可能是比较低的了。并且我持有的股票如果下跌是由于系统性风险的影响，我一点都不着急，因为“天下乌鸦一般黑”的时候，也就没有必要在乎自己的这只比其他的黑得多一点了。所以当看到某天上证指数跌了100点的时候，我的股票跌停，我也觉得是一件非常正常的事情。

因此，我很看重我买股票时的大盘指数，比如我在上证指数3000点的时候买的股票，现在到了2000点，我亏损惨重，我认为这只是账面上的数字亏损，或许用不着指数回到原先的位置，我的亏损就补平了。上证指数的3000点是我目前认可的价值中枢，3000点以下风险相对较小，当然这只是适用于大部分个股的情况，具体到某些仍在高位或者基本面变差的个股就另当别论了。

在股市中，有时候真要有点阿Q精神才行，否则就成了任凭主力宰割的羔羊了。当然这不是一种盲目的坚持，只要你选股有自己的主见，不盲目追逐热点，人云亦云，解套只是时间问题。但在这个时间的等待过程中，你必须接受那种“痛不如死”的煎熬。乔治·索罗斯曾说过：“如果你没有做好承受痛苦的准备，那就离开吧，别指望会成为常胜将军，要想成功，必须冷酷！”

第19章　我的梦想

人的差异性源于灵魂的差异；源于生命能量的差异；源于诗性和艺术性。真正的修行，是清醒的“反观内视”，是精神之独立，是“自救”和“利他”。

——曲黎敏

一个人不能没有梦想，我的梦想是什么呢？没想到人到中年的我，现在才来思考这个问题，有点可笑吧！或许是因为年少时大脑发育迟钝，没有能力和条件想，以至于现在的我才有这个“聪明才智”认真琢磨起“梦想”来。

回顾自己走过的人生道路，虽然谈不上坎坷，但经历的波折却不少。或许是因为头脑中的相法太杂，目标太多，最后的结局是什么都无法实现，反而受尽折磨。我经常想，人活着究竟是为什么？什么才是人生的追求？对于这些深奥的问题，也许只有当一个人的生命走到尽头时才能完全诠释它。

目前的社会主流对于人的评价不外乎三种，即“入仕途，做学问，挣钱”。因此，作为一个男人的我，自我剖析后，发现只有最后一种更与我当前的状况相适宜。工作多年后，人生的道路又回到了起点，记得刚参加工作的时候，我最大的梦想就是当老板，几次短暂的“下海”经历可以为证。

后来，又想走上仕途之路，但几次的阴差阳错，也让我基本与它无缘了。说起来可能有些好笑，虽然我已经失去了“入仕途”的黄金年龄，但内心仍然充满憧憬，或许是受中国千年封建文化的深刻影响，“金榜题名”已经在我脑海中根深蒂固的缘故。因此，就有了在最近的处级领导干部换届中的一次闹剧，本来我不想参与的，后来禁不住朋友的鼓动和心魔的驱使，最终还是扮演了一回“小丑”的角色。

回想起这次竞聘副处级领导干部的过程，还是蛮有收获的，近100人的公开竞聘下来，专家给我的打分最高，真没有埋没我夸夸其谈的天赋。说真的，当时演讲下来，我自己都佩服自己的临场发挥，8分钟的自述和回答问题是一气呵成，睿智的思想发挥得出神入化。后来仔细一想，我能取得这么好的成绩，同我8年的科长经历及多次的应聘经过分不开的。本以为有机会将重庆的先进管理经验和我个人的人格魅力展示给我的同事们，没想到第二轮投票后，我败下阵来，早早地结束了这次“选秀”。对于投票的结果，以至于很久，我都没想通为什么，真是江湖险恶呀！自认为人缘不错的我却得不到半数同事的信任，这也让我深深体会到了老师这个人类灵魂工程师的“表里不如一”的现实。春节回到重庆，朋友们聚会时说，如果我不离开重庆，可能早已经是领导了，所以“仕途梦”的破灭最终还是怨自己的不争气，不能怨天尤人。

接下来，就是“做学问”了。现在看来，我对它是一点信心也没有，前途渺茫，或许我天生就不是做学问的材料。好不容易混了个高学历，换了个工作环境，却发现压力越来越大。教学工作还算勉强胜任，这主要得益于我的“三寸不烂之舌”。科技文章虽然也写了几十篇，但都是一些“八股文”和“垃圾文章”，还不如小学生写的作文(文体需要不一样)。最让我头痛的是科研工作，本想为国家的科学事业做点贡献，可是年年的基金申请换回来的是次次的失败，让我没有一丝自信，面对那些比我年轻的学者，我无话可说，我只能摇头苦笑，谁让我技不如人呢！或许是因为受打击的次数多了，让我对专业提不起一点兴趣，以至于我妻子见我经常不专注于自己的专业知识，反而喜欢看看文学、经济类书籍的情形，时常调侃我“不务正业”。

最后，只能把希望落脚到“挣钱”上，我又该如何挣钱呢？兼职打工，对于我这个年龄来说，已经力不从心了，身体素质也没有这个资本。看来最好的方式只能寄希望于在股票市场上有所作为了。但多年的股票投资经历，让我有些害怕，谁又能想到2012年上证指数会跌到2000点呢？特别是中国资本市场先天的不足，让我在里面待的时间越长越没有信心。如果有机会和条件让我来选择这三种方式证明男人的价值，我宁愿选择前面的两种。

可是，事实上，人的一生在很多时候都由不得自己，外部因素更容易改变一个人的人生方向，即我们通常说的偶然事件。或许我今后的人生道路上真的会与股票长期相伴，但愿不要受伤深重。自从我从事股票投资的第一天起，我都没有把股市作为实现我人生价值的平台，因此，我也没有奢望能从股市中赚多少钱，只要不亏本就行，纯粹是把它当做我的一种业余消遣方式。因为我的爱好不多，有了股市的牵挂，让我少了许多的无聊，同时也学到了不少知识，让我这个搞自然科学的有了些社会科学的素养。

有朋友问我，股票到底能不能赚钱？我无法回答。因为这个问题在不同时期会有不同的结果，因此，我经常对朋友说：“你的这个问题问得不科学，你需要加一定的条件修饰后我才能回答。”赚钱我不敢肯定，但至少有这几个方面的好处，一是能扩大知识面；二是能培养哲学思想，如约翰·坎贝尔认为“投资不仅仅是一种行为，更是一种带有哲学意味的东西”；三是能锻炼心态。

虽然我的股龄不短，但对股市真正有些了解也是近几年的事情。这得感谢我人生的重大变故，正如西方的一句谚语：“上帝为你关闭了一扇门，同时为你打开了一扇窗。”以前的工作经常出差，没有多少时间坐在电脑前面看股票，这也养成了我可以多年不进行股票交易的行为,有它无它无所谓的态度。现在从事教育工作,除了上课外就有很多不受约束的时间,因此,对盘面才有些清醒的认识,也开始试着慢慢培养那种虚无缥缈的感觉。有时候,真还有点佩服自己的那种潜意识,记得 2011 年 4 月的时候,有个同事(刚入市一年的新股民)问我对大盘的感觉如何,我说感觉不好,并且详细说了我的理由。过了一段时间,那位同事再次碰到我,直夸我太有水平了,我笑笑地对他说:“可惜我还身陷其中,没有出来。”

当上证指数跌到 2200 点时,我的那位同事又问我:“大盘怎么看不到底呢?”我说:“大盘是有些让人悲凉,连我这个铁杆股民都开始没信心了,我估计离底部也不远了,只可惜我已经没有子弹了。”我不知道他在这次的下跌过程中受伤有多重,但我仍然劝导他,底部是一个区域,一个人不可能买在最低、卖在最高,记得2008年股市最低迷时,我仅有的一点钱在 4 元买进了一只股票,结果它跌到了 3 元。因此,对于大盘底、股价底,我们需要用模糊数学的概念来看待这个问题。同时,我对他说:“只要你买的个股不出现非系统性风险,就不用怕。”因为系统性风险是我们无法准确判断而加以回避的,除非你的心跳频率已经与股市的波动频率一致了,世界上有没有这种人呢?我相信有,因为形形色色的人中,总有极少数有超凡预知能力的人,只是不知道他是否从事股票投资,我始终坚信民间一定有深藏不露的股票投资高手存在,他的成功次数远远多于失败,就像我坚信宇宙中一定会有智能人的说法一样。

就拿打牌来说,有时候我们整个晚上拿到手上的牌都很差,有时候又非常好,如果我们能错过这个不好的时段,赢钱的概率不就大多了吗?运气是肯定存在的,只是在不同的人身上体现的方式和时间不同。反而我们经常在电视等媒体上见到的那些夸夸其谈的股评人士我不敢恭维,稍微动点脑筋就能明白这个道理,如果真如他们所说的那样出神入化,天天抓涨停板,那不直接就埋着头从事这个职业算了,闷声发大财多好呀,还用得着费口舌挣点咨询费吗?

没想到,我的这位新入市的同事居然参加了交股票咨询费的事情,他还说有点管用,我想如果在系统风险出现的情况下,可能就不是那么回事了,但愿他能在高人的指导下长期存活在这个市场中。通过他的行为,我深深地体会到了为什么在电视上那些口若悬河的所谓的分析师们能有用武之地,像我身边这个具有硕士学历的同事都相信,更何况没有多少知识的普通民众能不上当吗?

回忆自己从事股市这么多年来,没有亏过多少本钱,非常幸运。这也是我愿意继续投入时间和精力的重要保证,说不定不久的将来我就真能在这片充满陷阱的“土地”上耕耘出一片树林和花朵呢?记得有一次,我母亲问我在股市中赚没赚钱,我狡诈地笑了一笑说:“肯定赚了点钱,不然我整天坐在电脑前干什么?”母亲看到我的表情,说:“你不错嘛,待在家里面都能赚钱,又不用日晒雨淋。”接着母亲连声夸我能干,说这个生意做得。在她的眼里,股票的买卖就是一种生意,只要能赚钱就行,至于过程中的辛酸我不会讲,也没办法给她讲清楚。

从事教育这个职业,还有个最大的好处就是每年有两个假期,这也让我有更多的时间守在电脑前仔细观察盘面的变化及培养我的灵感。还真有点意思,我对大盘的走势判断出现了两次经典的预感,能对系统性风险提前做出预知,是一个多么了不起的变化呀!长此以往下来,说不定哪天真能将自己同股市融为一体呢!我妻子看到我长期坐在电脑前,边看股票边写点东西的状态,戏称我为“坐家”,作家的谐音,其实她是对我的行为极大地不满,主要是担心我长期这样下去不运动有害身体健康。

或许是因为长期同这些红红绿绿的数字打交道,建立起了感情,或许是因为真找到了点感觉,我对我的未来有了更高的期待,规划我在股市中的梦想。设想再过 20 年或者 30 年,我的财富积累会出现什么状况？有没有可能从100增长到1000以及更高的目标，当下的我无法回答这个问题，时间到了，答案自然就揭晓了。有时候，为了哄妻子开心，我说：“如果我们真有钱了，怎么用呢？”留给下一代绝对不可取，可能最好的方式就是回馈给社会，于是调侃地同妻子说，要么直接将在股市中赚来的钱退还给那些亏损深重的人，要么可以用我们的名字成立一个慈善基金（或者投资公司），前面说的肯定是一个玩笑话，后者更是一个遥不可及的梦想。

后 记

此书稿的完成时间定格在 2012 年，本可以早早地同读者见面，但现在出版书几乎均需要自费。对于普通民众的我，不得不考虑成本和投资回报的问题，且自费的观念也难以接受，故拖延到现在才痛下决心出版。另一个重要原因是，曾经联系了一家出版社，刚开始出版社同意免费出版，后来说股市行情不好，暂缓出版，这一缓就是两年。估计出版社对本书的前景不太乐观，担心收不回成本，最后就不了了之了。

资本市场瞬息万变，何况时隔了三年，大盘和许多股票都已经今非昔比了。因此，书的时效性有些欠缺，书中一些话语可能不合时宜了，但中国资本市场的精髓没变，相信书中的某些观点对投资者仍具有较好的指导作用和参考价值。

本书的内容主要是我对十五年股票投资的回忆，属于过去式，而资本市场上最需要的是“好汉不提当年勇”。芸芸众生中的我只是资本市场上的一个草根，能存活到现在已经非常不容易了。未来是否能保住当下的胜利果实或者更上一层楼，我没有十足的把握，因为中国资本市场太血腥，财富“得而复失”是多数人的宿命，2015 年的股灾就是鲜活的例子，多少中产阶级一夜之间财富灰飞烟灭了。或许只有到了人生终点，我们才能真正总结资本市场投资是否成功的话题。

在此透露一个秘密，我正在进行一项更伟大的写作壮举，即

"股票投资手记"。书中的记录以日记的形式展开,时间从2011年开始,现在时间刚过一半,积累文字已高达200万字之多。书中完全再现了我的投资思想和操作实际,每笔交易都可在书中查询和溯源。我计划用10年时间完成这本手记,虽然不敢对财富积累产生过高的期望,但希望2020年后呈现在读者面前的是一本宏伟巨著,我梦想着这本手记能成为中国股市的"葵花宝典",引起广大读者和投资者的共鸣。

当然,这本计划用10年完成的手记或许需要更长的时间才能与读者见面,或许永远也无法面世,因为它里面有我的财富秘密,一切只有等时间到了,才能最终决定是否公之于众,在此,就算我留给大家的一个悬念吧。

李其林

2016年5月